Smart Book

기초한문교재

현토번역

신편 사자소학·추구

四字小學·推句 - 附 讀本

동양고전정보화연구소

傳統文化研究會

新編 四字小學・推句 - 附 讀本　　11,000원

2019년 04월 10일 초판 발행
2024년 04월 30일 초판　4쇄

著　者　동양고전정보화연구소 고전교육연구실 편역
懸　吐　오규근
潤　文　원주용 이지곤
校　訂　곽성용 이계황
編　輯　이화춘
出　版　신양선
發行人　곽성문
發行處　社團法人 傳統文化硏究會
서울 종로구 삼봉로 81 두산위브파빌리온 1332호
전　화 : (02)762-8401　　전　송 : (02)747-0083
홈페이지 : juntong.or.kr
등　록 : 1989. 7. 3. 제1-936호

인 쇄 처　한국법령정보주식회사(02-462-3860)
총　　판　한국출판협동조합(070-7119-1750)

ISBN　979-11-5794-208-4　04710
978-89-85395-49-6(세트)

기초한문 Smartbook을 간행하며

오늘날 동북아東北亞 공용문자共用文字인 한자漢字는 그 용도用途가 이분二分되었다 하겠다. 하나는 전통적인 한자문화시대의 고문古文에 대한 연구 분야이고, 다른 하나는 현대 한국韓國과 중국中國, 일본日本 등 한자문화권 국가의 실제 언어생활에 활용하는 어휘 중심의 실용 구어口語와 전문용어 분야이다.

서세동점西勢東漸의 시기에 동양문화東洋文化의 뿌리인 한자가 열등문자劣等文字로 취급되고 배척되는 위기가 있었다. 당시 중국과 일본은 문화文化 전통을 잘 수호守護하여 이를 극복하였던 반면, 월남越南은 프랑스의 식민 하에서 한자를 버렸고, 남북한南北韓은 점령군과 한글전용주의자의 합동 공세攻勢로 문화 수호의 책임을 방기放棄하고 말았다. 어문정책語文政策에 혼란을 초래하여 문화의 기반이 흔들리더니, 이제는 한글전용의 입장이 주류를 형성하였다.

우리 민족은 2,000여 년 전, 저 멀리 삼한시대三韓時代부터 동방東方 공용문자共用文字를 사용하면서 우리 특유의 한자문화를 형성하였고, 나아가 그 바탕에서 우리의 말과 글이 합치하는 훈민정음訓民正音을 창제하여 표의문자表意文字인 한자와 표음문자表音文字인 한글을 융합하여 세계에 유례없는 어문생활을 영위營爲하여 왔다.

그러나 일부 국수주의자國粹主義者들의 책동策動으로 한글전용정책이 문화·교육·학계 전반을 잠식蠶食하였고, 이는 우리의 고급문화를 후퇴시켜 오늘날 실질문맹률實質文盲率 64%라는 OECD 최하위권 수준으로까지 추락시켜 문화후진국을 면치 못하게 되었다. 이는 개념어概念語의 대다수를 차지하는 한자어를 한글로만 표기한 결과, 제대로 된 원의原意의 이해·전달 및 조어造語가 어려워졌기 때문이다.

그리하여 초·중등교육의 국어國語·역사歷史를 비롯한 각종 교과서 어휘語彙와 용어用語 등으로부터, 전문적인 학술용어學術用語에 이르기까지 국어보다는 외국어外國語가 더 익숙한 상황에 이르렀다.

'한자는 어렵다'는 고정관념은 한자의 낱글자와 한문의 문장까지 포함한 잘못된 인식이다. 물론 한자는 수천 년 동안 써왔지만 획수劃數와 글자 수가 많고, 한문의 문장구조文章構造도 우리말과 달라 배우기 어려운 것이 사실이다. 그러나 우리가 오늘날 국어 등에서 사용하는 한자어는 고문古文인 한문漢文이 아니다. 게다가 한자를 상형문자象形文字로 부르듯이 한자는 그림 형체가 있고 이미지가 있어, 연상聯想 작용과 도형화圖形化 등 스토리텔링에 효과적이라 지상地上의 문자 중 가장 기억하기 쉬운 우수한 문자이기도 하다.

한자는 뇌의 활동을 활발하게 하고 오래 기억되는 매우 효용적인 언어라는 것이 뇌과학자腦科學者 조장희趙長熙 박사의 MRI 실험과 일본 등 외국에서도 증명되었다. 또 일본이 표의문자인 한자와 표음문자인 가나(일본 문자)를 혼용混用한 것이 세계 제일의 독서국으로 발전하게 되어 세계문화국의 원동력이 되었음은 우리에게 시사示唆하는 바가 크다.

오늘날 학교의 한자漢字·한문漢文 교육은 한글전용정책의 영향을 받아, 현대식 교재를 중심으로 단순 암기와 피상적인 정보 전달에 국한하여 제한적·형식적 교육으로 이루어지고 있다. 따라서 전통적 교육방법인 성독聲讀, 해석, 쓰기, 외우기, 글짓기 등 시각視覺·청각聽覺·촉각觸覺의 여러 감각기관感覺器官을 극대화하여 입체적이고 효율적인 언어학습을 도모하였던 전통 몽학蒙學(어린이 글공부) 교육의 강점을 다시 연구할 필요가 있다.

우리의 선인先人들은 서당書堂에서 아동들에게 소학小學(예절, 글자 공부)·역사歷史·문학文學 등을 교육하기 위하여 《천자문千字文》《사자소학四字小學》《추구推句》《계몽편啓蒙篇》《동몽선습童蒙先習》《격몽요결擊蒙要訣》《명심보감明心寶鑑》《훈몽자회訓蒙字會》 등을 저술하고 편찬하여 단계적으로 교육하였다.

각 분야의 소학(문자학)과 어휘력 확장으로 교양과 기초한문 이해의 기반을 다지고 동양고전 독해력讀解力을 증진하기 위해서는 이와 같은 선인들의 지혜가 응축凝縮된 전통傳統 몽학서蒙學書를 학습할 필요가 있고, 이를 통해 전통의 감성적 학습방법과 현대의 이성적·분석적 방법을 융합하여야 한다.

이에 본회는 동양고전 독해력을 2, 3년의 단기간에 터득할 수 있도록 1990년대부터 편찬한 한자·한문 교과서와 기초한문교재(몽학서)를, IT 기술과 접목한 Smartbook으로 재구성하여 어휘력과 문해력文解力 향상에 도움이 되도록 하였다. 아울러 지속적으로 새로운 교재를 발굴하여 고전독해력을 효율적·집중적·합리적으로 제고提高할 수 있도록 한문독해의 첩경捷徑을 제시할 것이다.

이러한 노력은 전통문화의 계승과 현대문화의 선진화와 생활언어의 격조를 높임은 물론, 한국학韓國學·동양학東洋學의 기반을 조성하고, 선진문화先進文化 한국인韓國人을 위한 한자어 교육의 현대화現代化와 정보화情報化를 선도하여 선진문화한국 VISION 2030[2050] 성취의 밑거름이 될 것이다.

사단법인 전통문화연구회 회장 이계황李啓晃

일러두기

1. 이 책에 대하여

1) 이 책은 한자학습·한문독해 입문자入門者 등 초학자를 위한 '기초한문 Smartbook'의 한 책으로, 《사자소학四字小學》과 《추구推句》를 합본한 책이다.

2) 《사자소학》은 우리 조상들이 어린이들에게 한자를 가르치기 위하여 엮은 기초한문교과서로 인간의 윤리에 입각하여 《소학小學》과 경전經傳 중에서 어린이가 알아야 내용을 뽑아 쉬운 4자구四字句로 엮었기 때문에 《사자소학》이라 하였다. 《신편新編 사자소학四字小學》에서는 기존 《사자소학》을 바탕으로, 각종 필사본筆寫本을 참조하여 오늘날에 알맞게 산삭刪削하였다. 또한 책의 말미에 정약용의 《이담속찬耳談續纂》 등에서 한문속담을 발췌하여 추가하였다.

※ 오늘날 한문을 처음 배우려는 이들은 《천자문》부터 읽으려 생각하는 경향이 있다. 그러나 《천자문》에 쓰인 한자는 실생활實生活이나 문장에 쓰이지 않는 글자가 많고, 그 내용도 동양東洋의 원론적原論的 사상思想이나 중국의 지엽적枝葉的인 역사歷史를 다룬 것이 많다. 이 때문에 중국에서도 《삼자경三字經》과 같은 다른 교재를 통해 한문에 입문해왔고, 우리나라에서도 근래에는 전통적으로 《천자문》보다 《사자소학》을 통해 한문을 접하는 것이 바람직하다고 여겨져 왔다.

3) 《추구推句》도 《사자소학》과 마찬가지로 어린이들에게 한자를 가르치던 책이다. 오언五言으로 된 좋은 대구對句를 뽑아 엮어 《추구抽句》 또는 《취구聚句》라고 불렀으며, 《사자소학》과 함께 많이 읽혔다. 《추구推句》는 특별한 정본定本이 없고 편자編者의 취향에 따라 다양한 필사본筆寫本으로 존재하는데 《신편 추구》는 기존의 《추구》와 각종 필사본을 참조하여 일부를 산삭刪削하고, 말미에 흥미를 돋우기 위하여 한자유희漢字遊戲의 (김삿갓의 저작으로 전해오는) 시를 일부 덧붙였다.

4) 《사자소학》은 주로 삼강오륜三綱五倫 등 생활 윤리로 구성되어 덕성德性 함양涵養에 유용有用하다. 이와는 달리 《추구》는 자연自然의 변화와 인간人間의 감정을 담은 시구詩句로 구성되어 감성感性 함양에 도움이 된다. 본서는 현대인에게 부족한 덕성(MQ: Moral Quality)과 감성(EQ: Emotional Quality)이라는 두 마리 토끼를 함께 잡을 수 있도록 이 둘을 합본하였다.

2. 편집의 특징

1) 교수-학습의 편의를 위해 해당 페이지의 윗 부분에 학습의 소재素材를 표기하였다.

2) 또한 문장의 각 2구句마다 일련번호를 붙여 전후 관계를 살피는데 도움을 주고자 하였다.

3) 본문 좌우에 한문독해를 위한 패턴과 주요 부사어副詞語의 풀이를 제시하였다.

(1) 《한문독해기본패턴》(본회 고전교육연구실 저)을 기준으로 패턴을 제시하되, 필요한 경우 추가로 패턴을 선정選定하여 제시함.

4) 한자의 쓰임이나 문장 구조의 이해를 돕기 위하여 가급적 직역直譯으로 풀이하였다.

(1) 속담 등 의역意譯이 필요한 문장은 '직역 ⇒ 의역'의 형태로 제시함.

(2) 직역만으로 이해가 어려워 보충역이 필요한 경우 '〈보충역〉'의 형태로 제시함.

5) 풀이 순서, 끊어 읽기에 유의留意할 부분에는 별도 기호로 표시하였다.

(1) 직역만으로 풀이 순서의 이해가 어려운 구절은 풀이 순서를 '윗[1]첨[2]자[3]'로 제시함.

(2) 읽을 때 주의가 필요한 구절에는 끊어 읽을 위치에 '작은 역삼각형(▿)'을 표기함.

6) 고유명사나 개념어를 비롯하여 한문독해에 필요한 각종 어휘를 주석注釋하였다.

7) 다양한 유형의 한자 학습이 가능하도록 하였다.

(1) 모양이나 의미가 비슷한 한자, 통용되는 한자 등을 제시함.

(2) 한자 자원의 풀이를 적절히 제시함.

8) 출처가 분명한 경우에 한하여 작자作者 또는 출전出典을 표시하였다.

9) 신출한자의 훈음訓音을 제시하였다.

(1) 《사자소학》과 《추구》가 가장 기초서임을 감안하여 모든 신출한자의 훈음을 제시함.

(2) 앞서 나온 한자와 쓰임이 다른 경우에는 선택적으로 제시함.

(3) 일부 훈음 뒤에는 본서에 출현하는 어휘의 반복학습이 가능하도록 하고, 일부는 기초적인 한자성어를 제시함.

10) 본서에 사용된 주요 부호符號는 다음과 같다.

부호	용도	부호	용도
" "	대화, 각종 인용	' '	" " 안에서 재인용, 강조
《 》	서명書名, 출전出典	〈 〉	편장명篇章名, 작품명作品名, 보충역補充譯
[ ]	번역문과 음이 다른 한자 및 자구字句, 번역 뒤 인용한 원문原文		
강조 (글자 위 점)	주석이나 풀이가 있는 한자/한자어, 강조		
數[1]字[2]	직해 풀이 순서		

▽	문장을 읽을 때, 의미에 따라 끊어 읽거나 쉬는 위치
留意	통용자, 유의자, 반의자 등 유의해야 할 한자
=	이체 또는 통용한자
≒	모양은 다르나 의미가 비슷한 한자
≠	모양은 비슷하나 의미가 다른 한자
↔	상대 또는 반대가 되는 한자

3. 부록 및 독본

1) 부록에 한문독해를 위한 패턴의 색인과 전체 원문에 대한 낱글자 색인을 제시하였다.
2) 연수 및 성독을 위하여 원문으로 된 독본讀本을 책의 뒷표지를 기준으로 우철右綴하여 종서縱書(세로쓰기)로 제공하였다.

4. 연수 방법

연수의 방법은 '전체를 일독一讀한 후 일정부분을 여러 번 반복해서 다독多讀하는 경우', '처음부터 찬찬히 정독精讀하는 경우', '번역문과 주석들을 먼저 읽고 원문原文을 뜯어 보는 경우', '관심 있는 부분을 중심으로 먼저 살펴보는 경우' 등 각자의 습관에 따라 다양하다. 각자 편리한 방법으로 공부하더라도 아래의 몇 가지는 반드시 지켜야 독해력讀解力이 신장된다.

1) 번역문을 보기 전에 일정부분의 원문을 몇 번 읽고 스스로 풀이해 보고 번역문, 주석 등과 비교해 본다.
   (1) 첨부된 독본 사용을 권장함. 원문을 여러 번 읽는 과정은 문장을 익숙하게 만듬.
2) 현토懸吐, 구문構文, 용례用例, 숙어熟語를 익히고 풀이된 설명을 완전히 이해하도록 한다.
3) 소리 내어서 여러 차례 성독聲讀과 쓰기를 반복한다.
   (1) 독본(수진본袖珍本)을 활용하여 최소 20회 이상 성독하고, 3회 이상 정성들여 쓸 것. 원문과 번역문을 읽고 쓰는 과정은 머리에 각인되는 효과가 있음.
4) 스마트북 기능을 이용해서 반복反復 학습한다.
   (1) 본 책은 QR코드를 통해 문장의 다양한 정보와 학습도구를 제시함.
   (2) 이를 활용하면 연관되는 많은 내용을 알 수 있고, 다양한 반복학습이 가능함.
   (3) 읽어주는 원문과 뜻풀이도 반복해서 듣고, 따라 읽으면 문리文理 터득 단축.

5. '스마트북'이란?

1) PC 및 Mobile 등 정보화 기기를 이용한 교재의 다양한 학습보완기능을 'Smartbook(스마트북)'이라 하였다. 이를 통하여 한문 연수·학습 교재의 새로운 지평을 제시하고자 한다.
2) 스마트북으로 도서의 모든 요소를 정보화하여 제공함은 물론, 그 밖의 관련자료를 추가 제공하여 학습효과에 도움을 주고자 한다.
3) 본서 스마트북의 정보제공 범위는 다음과 같다. ○ : 동일제공, ◎ : 확대제공

구분	내용	도서	스마트북	
			PC	Mobile
원문/현토	대상 원문과 현토	○	○	○
번역	번역문	○	○	○
직해 및 직해순	직해 및 번역하는 순서	○	◎	○
주석	주요 학습 어휘	○	◎	○
도판	삽화, 지도, 연표, 사적, 문물 등	○	◎	◎
음원音源	원문 및 번역문의 읽기, 듣기, 따라읽기 등		○	○
노트	프린터용 쓰기노트		○	
패턴	원문에 사용된 주요 구문構文 패턴 정보	○	◎	○
강좌	도서의 온라인 동영상 강의		○	○
책갈피	온라인 책갈피 기능		○	○
토론실	이용자의 토론공간		○	○

※ 일부 기능은 제작중이거나, 온라인 회원에 한하여 제공될 수 있음.

6. 스마트북 이용 방법

1) 본서는 각 단원별로 페이지 하단에 'QR코드'와 '단축기호'를 제공하고 있다.
2) 스마트북의 사용법은 다음과 같다.
   (1) '스마트폰'을 사용할 경우 'QR코드'나 '단축주소'를 활용하여 접근한다.
      ※ QR코드를 이용할 때는 주요 포털 사이트의 App에서 제공되는 기능을 활용함.
   (2) 'PC'를 사용할 경우 단원별로 제공된 '단축기호'를 활용하여 접근한다.
      ※ 단축주소 : "http://JTLink.kr/단축기호" (대소문자 무관)

목 차

기초한문 Smartbook을 간행하며 ………………… 3
일러두기 ………………… 5

四字小學 네 글자로 된 소학

1. 父母⑴ 부모에 대한 도리⑴ ………………… 12
2. 父母⑵ 부모에 대한 도리⑵ ………………… 21
3. 夫婦, 兄弟 부부, 형제 사이의 도리 ………………… 32
4. 師弟, 長幼, 朋友 스승과 제자, 어른과 어린이, 벗 사이의 도리 … 41
5. 修身 몸을 닦는 방법 ………………… 54
6. 俗淡 속담 ………………… 64

推句 시구를 모음

1. 天高 하늘이 높다 ………………… 74
2. 耕田 밭을 갈다 ………………… 85
3. 山影 산 그림자 ………………… 96
4. 竹筍 죽순 ………………… 107
5. 簷月 처마에 걸린 달 ………………… 118

부 록

한문 독해 패턴 색인 ………………… 130
한자 훈음 색인 ………………… 134
구결표 ………………… 143

♤ 附 讀本 - 右綴 ♤

四字小學讀本 ………………… 五
推句讀本 ………………… 一九

四字小學

네 글자로 된 소학

〈왕상부빙王祥剖氷〉, 《삼강행실도三綱行實圖》

1. 父母(1) 부모에 대한 도리

父生　懷我　哺我　哺 ≠ 飽　A以B = 以AB

父 

갑골문　금문　소전

오른손[又]에 무기[丨]를 들고 있는 모습

001 父 生 我 身 하시고

母 鞠 吾 身 이로다

002 腹 以 懷 我 하시고

乳 以 哺 我 로다

A以B : A로써 B하다

직역 및 해설

1 4 2 3

○ **父生我身**하시고 **母鞠吾身**이로다

아버지는 내 몸을 낳아주시고, 어머니는 내 몸을 기르셨다.

- 선조들의 '하늘이 만물을 낳고, 땅이 기른다'는 생각과 '아버지는 하늘, 어머니는 땅'이라는 사고가 하나의 비유한 문장으로 나타남.

留意 母 어머니 모 ≠ 毋 말 무

1 2 4 3

○ **腹以懷我**하시고 **乳以哺我**로다

배로써 나를 품어주시고, 젖으로써 나를 먹이셨다.

留意 以 써 이 ≠ 似 같을 사

아래 QR코드 활용시
① 모든 한자의 훈음, 축자순, 끊어 읽기, 패턴 정보 제공.
② Mobile보다 PC 이용 권장.
③ 이용법은 p.8 참조.

CV18107

·父 아버지 부　·生 날 생　·我 나 아　·身 몸 신[倚身]　·母 어머니 모　·鞠 기를 국
·吾 나 오　·腹 배 복　·以 써 이　·懷 품을 회　·乳 젖 유　·哺 먹일 포[反哺]

衣食溫飽　恩天德地　A如B = A似B　曷不A

003 以衣溫我하시고
以食飽我로다

以AB : A로써 B하다

004 恩高如天하시고
德厚似地하시니

A如B : A는 B와 같다
A似B : A는 B와 같다

005 爲人子者가
曷不爲孝리오

曷不A : 어찌 A하지 않겠는가?

직역 및 해설

○ 以衣溫我하시고 以食飽我로다 (以2 衣1 溫4 我3)
옷으로써 나를 따뜻하게 하시고, 음식으로써 나를 배부르게 하셨다.

○ 恩高如天하시고 德厚似地하시니
은혜恩惠의 높이는 하늘과 같고, 덕德의 두터움이 땅과 같으니,

留意 恩 은혜 은 ≠ 思 생각 사　高 높을 고 ↔ 低 낮을 저

○ 爲人子者가 曷不爲孝리오 (爲3 人1 子2 者4 曷1 不4 爲3 孝2)
사람의 자식子息이 된 자가 어찌 효도孝道하지 않으리오?

·衣 옷 의[衣服] ·溫 따뜻할 온[冬溫夏凊] ·食 먹을 식 ·飽 배부를 포[飽食] ·恩 은혜 은
·高 높을 고 ·如 같을 여[如何] ·天 하늘 천[昊天] ·德 덕 덕[有德] ·厚 두터울 후 ·似 같을 사
·地 땅 지[地方] ·爲 될 위 ·人 사람 인 ·子 자식 자[孫子] ·者 사람 자 ·曷 어찌 갈 ·不 아니 불
·孝 효도 효

昊天罔極　昏定晨省　冬溫夏凊

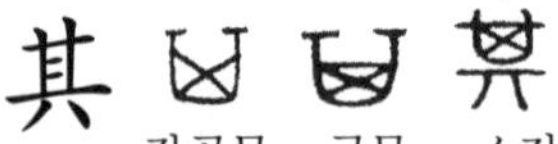

갑골문　금문　소전

곡식을 까부리는 키의 모양

欲A : A하고자 하다

必A : 반드시 A하라

006 欲報其德인댄
昊天罔極이로다

007 晨必先起하야
必盥必漱하라

008 昏定晨省하고
冬溫夏凊하라

직역 및 해설

• 호천昊天 : 넓은 하늘.

• 혼정신성昏定晨省 : 저녁에는 이부자리를 펴드리고, 아침에는 편안히 주무셨는지를 살핌. 아침 저녁으로 자식이 부모를 받들어 모시는 예절.

• 동온하청冬溫夏凊 : 부모를 겨울에는 따뜻하게 여름에는 서늘하게 모심.

○ 欲報其德인댄 昊天罔極이로다

그 은덕恩德을 갚고자 하면, 하늘처럼 다함이 없다네.

○ 晨必先起하야 必盥必漱하라

새벽에는 반드시 먼저 일어나서, 반드시 세면洗面하고 반드시 양치질 하라.

留意　晨 새벽 신 ↔ 夕 저녁 석　　起 일어날 기 ≠ 赴 다다를 부

○ 昏定晨省하고 冬溫夏凊하라

저녁엔 〈잠자리를〉 정하고 새벽엔 〈안부를〉 살피며, 겨울엔 따뜻하게 여름엔 시원하게 하라.

·欲 하고자 할 욕[物欲] ·報 갚을 보[報恩] ·其 그 기 ·昊 하늘 호 ·罔 없을 망 ·極 다할 극
·晨 새벽 신 ·必 반드시 필[何必] ·先 먼저 선[先子] ·起 일어날 기[起立] ·盥 대야 관
·漱 양치질할 수 ·昏 어두울 혼 ·定 정할 정 ·省 살필 성[反省] ·冬 겨울 동 ·夏 여름 하
·凊 서늘할 청

唯而趨進　使勿逆怠　A而B　勿A

009 父母呼我어시든
唯而趨進하라

A而B : A하고 B하다

010 父母使我어시든
勿逆勿怠하라

勿A : A하지 말라

011 父母有命이어시든
俯首敬聽하라

직역 및 해설

○ 父母呼我어시든 唯而趨進하라

부모님이 나를 부르시거든, 빨리 대답하고 달려나가라.

- 부모나 어른이 부르면 지체하지 말고 바로 가라는 뜻으로, 존경의 뜻을 나타냄.

留意 進 나아갈 진 ↔ 退 물러날 퇴
呼 부를 호 ≒ 號 부를 호 ≒ 招 부를 초

○ 父母使我어시든 勿逆勿怠하라

부모님이 나를 부리시거든, 거스르지 말고 게을리하지 말라.

○ 父母有命이어시든 俯首敬聽하라

부모님이 명命이 있으시거든, 머리를 숙이고 공경히 들어라.

• 부수俯首 : 머리를 숙임.
• 경청敬聽 : 공경히 들음.

·呼 부를 호　·唯 빨리 대답할 유　·而 말 이을 이　·趨 달릴 추　·進 나아갈 진[進退]　·使 부릴 사
·勿 말 물　·逆 거스를 역　·怠 게으를 태　·有 있을 유[有無]　·命 명할 명[盡命]　·俯 숙일 부[俯仰]
·首 머리 수　·敬 공경 경[敬長]　·聽 들을 청

起立　A勿B

坐 앉을 좌
人 사람 인 + 人 + 土 흙 토
흙[土] 위에 두 사람[人人]이 앉아 있음

012 坐命坐聽하고
立命立聽하라

013 父母出入이어시든
每必起立하라

每 : 매번; 늘

014 父母衣服을
勿踰勿踐하라

勿A : A하지 말라

직역 및 해설

○ 坐命坐聽하고 立命立聽하라
앉아서 명하시거든 앉아서 듣고, 서서 명하시거든 서서 들어라.
留意 坐 앉을 좌 ↔ 立 설 립

• 기립起立 : 일어나서 섬. 흔히 경의를 표하는 자세.

○ 父母出入이어시든 每必起立하라
부모님이 출입出入하시거든, 매번 반드시 일어서라.

○ 父母衣服을 勿踰勿踐하라
부모님의 의복衣服을 넘지 말고 밟지 말라.
留意 服 옷 복 ≠ 腹 배 복

·坐 앉을 좌[坐席] ·立 설 립 ·出 날 출 ·入 들 입 ·每 매양 매[每事] ·服 옷 복[克服] ·踰 넘을 유 ·踐 밟을 천[實踐]

015 父母有疾이어시든
憂而謀瘳하라

A而B : A하고서 B하다

016 對案不食이어시든
思得良饌하라

不A : A하지 않다

017 出必告(곡)之하고
反必面之하라

必A : 반드시 A하라

面

갑골문 금문 소전

눈[目]을 부각한 얼굴의 모양

직역 및 해설

○ 父母有疾이어시든 憂而謀瘳하라

부모님이 병이 있으시거든, 근심하고 〈병이〉 낫기를 꾀하라.

留意 疾 병 질 ≒ 病 병 병

○ 對(2)案(1)不(4)食(3)이어시든 思(4)得(3)良(1)饌(2)하라

밥상[案]을 대하고 드시지 않으시거든, 좋은 음식을 얻고자 생각하라.

• 안案 : 상의 종류.

○ 出(1)必(2)告(4)之(3)하고 反必面之하라

나갈 때는 반드시 부모님께 아뢰고, 돌아오면 반드시 부모님을 뵈어라.

·疾 병 질 ·憂 근심 우[憂患] ·謀 꾀 모 ·瘳 병 나을 추 ·對 대할 대[應對] ·案 책상 안[案席]
·思 생각 사 ·得 얻을 득 ·良 어질 량 ·饌 반찬 찬 ·告 아뢸 곡 ·之 (대명사)그것 지
·反 돌아올 반[反省] ·面 뵈올 면[親面]

遠遊 門戶

勿A : A하지 말라

必A : 반드시 A하라

018 愼 勿 遠 遊 하고
遊 必 有 方 하라

019 出 入 門 戶 어든
開 閉 必 恭 하라

020 勿 立 門 中 하고
勿 坐 房 中 하라

갑골문 금문 소전

어떠한 지역[口] 가운데에 깃발[丨]을 꽂은 모습

직역 및 해설

- 원유遠遊 : 먼 곳을 두루 돌아다님.
- 문호門戶 : 문의 통칭. '문門'은 양쪽으로 여는 문, '호戶'는 한쪽으로 여는 문.

○ **愼勿遠遊**하고 **遊必有方**하라

삼가 멀리 가서 놀지[遠遊] 말며, 놀거든 반드시 〈일정한〉 장소場所가 있어야 한다.

○ **出入門戶**어든 **開閉必恭**하라

문을 나가고 들어오거든, 열고 닫기를 반드시 공손恭遜하라.

留意 門 문 문 ≒ 戶 문 호

○ **勿立門中**하고 **勿坐房中**하라

문 가운데 서지 말고, 방 가운데 앉지 말라.

·愼 삼갈 신 ·遠 멀 원 ·遊 놀 유 ·方 장소 방[方所] ·門 문 문[門人] ·戶 문 호 ·開 열 개 ·閉 닫을 폐 ·恭 공손할 공[恭遜] ·中 가운데 중 ·房 방 방

勿慢勿倚 慢步 雜談 雜戱

021 行勿慢步하고
坐勿倚身하라

022 口勿雜談하고
手勿雜戱하라

023 膝前勿坐하고
親面勿仰하라

勿A : A하지 말라

親 친할 친
亲 친할 친 + 見 볼 견
빽빽한 가시나무[亲]처럼 가까이서 보는[見] 사람

○ 行勿慢步하고 坐勿倚身하라

걸을 때는 걸음을 거만히 하지 말고, 앉을 때는 몸을 기대지 말라.

○ 口勿雜談하고 手勿雜戱하라

입으로는 잡다한 이야기[雜談]하지 말고, 손으로는 잡다한 놀이[雜戱] 하지 말라.

留意 談 말씀 담 ≠ 淡 묽을 담 ≠ 炎 불꽃 염

○ 膝前勿坐하고 親面勿仰하라

무릎 앞에 앉지 말고, 부모님 얼굴을 똑바로 올려보지 말라.

직역 및 해설

- 만보慢步 : 한가롭게 걷는 걸음.
- 잡담雜談 : 실속 없이 지껄이는 말.
- 잡희雜戱 : 여러 가지의 잡스러운 놀이.

·行 다닐 행 ·慢 거만할 만 ·步 걸음 보 ·倚 기댈 의 ·口 입 구 ·雜 섞일 잡 ·談 말씀 담
·手 손 수[左手] ·戱 희롱할 희 ·膝 무릎 슬 ·前 앞 전 ·親 어버이 친[事親] ·仰 우러를 앙

放笑　責人　侍坐

勿A : A하지 말라

024 須勿放笑하고
亦勿高聲하라

025 侍坐父母어든
勿怒責人하라

怒 성낼 노
奴 종 노 + 心 마음 심
종[奴]이 속으로 품은 마음[心]

026 侍坐親前이어든
勿踞勿臥하라

직역 및 해설

- 방소放笑 : 큰소리로 웃는 웃음.
- 고성高聲 : 큰소리.
- 시좌侍坐 : 윗사람을 모시고서 앉음.

○ 須勿放笑하고 亦勿高聲하라

모름지기 웃음을 크게 내지 말고, 또한 소리를 높게 하지 말라.

留意 亦 또 역 ≒ 且 또 차 ≒ 又 또 우

○ 侍坐父母어든 勿(4)怒(2)責(3)人(1)하라

부모님을 모시고 앉아있거든, 다른 사람을 성내어 꾸짖지 말라.

○ 侍(3)坐(4)親(1)前(2)이어든 勿踞勿臥하라

부모님을 앞에 모시고 앉거든, 걸터앉지 말고 눕지 말라.

留意 侍 모실 시 ≠ 寺 절 사 ≠ 待 기다릴 대 ≠ 持 가질 지

·須 모름지기 수[須臾] ·放 클 방 ·笑 웃음 소 ·亦 또 역 ·聲 소리 성 ·侍 모실 시[侍人]
·怒 성낼 노[怨怒] ·責 꾸짖을 책 ·踞 걸터앉을 거 ·臥 누울 와

2. 父母(2) 부모에 대한 도리

獻物跪進 飮食跪受

027 獻 物 父 母 어든
跪 而 進 之 하라

A而B : A하고 B하다

028 與 我 飮 食 이어시든
跪 而 受 之 하라

직역 및 해설

○ **獻物父母**어든 **跪而進之**하라
부모님께 물건을 드리거든, 꿇어앉아서 그것을 올려라.

○ **與我飮食**이어시든 **跪而受之**하라
나에게 음식을 주시거든, 꿇어앉아서 그것을 받아라.

·**獻** 드릴 헌 ·**物** 물건 물 ·**跪** 꿇어앉을 궤 ·**與** 줄 여 ·**飮** 마실 음 ·**受** 받을 수[傳受]

CV18120

美味 不A 勿B

029 器有飮食이라도
不與勿食하라

不A勿B
:A하지 않으면 B하지 말라

030 若得美味어든
歸獻父母하라

若A:만약 A하면

031 衣服雖惡이나
與之必著(착)하라

雖A:비록 A하더라도
必A:반드시 A하라

직역 및 해설

○ 器有飮食이라도 不與勿食하라
그릇에 음식이 있더라도, 주시지 않으면 먹지 말라.

○ 若得美味어든 歸獻父母하라
만약 맛있는 음식[美味]을 얻거든, 돌아가 부모님께 드려라.

留意 若 만약 약;너 약 ≠ 苦 쓸 고

• 미미美味:좋은 맛. 또는 입에 맞는 음식.

○ 衣服雖惡이나 與之必著하라
의복衣服이 비록 나쁘더라도, 그것을 주시면 반드시 입어라.

留意 著 입을 착;나타날 저 ≠ 箸 젓가락 저 ≠ 者 사람 자

·器 그릇 기 ·若 만약 약 ·美 아름다울 미 ·味 맛 미 ·歸 돌아갈 귀 ·雖 비록 수 ·惡 악할 악
·著 입을 착

無A 毋B

032 飮 食 雖 厭 이나
與 之 必 食 하라

雖A : 비록 A하더라도

必A : 반드시 A하라

033 父 母 無 衣 어시든
毋 思 我 衣 하며

無A毋B
: A하지 않으면 B하지 말라

034 父 母 無 食 이어시든
毋 思 我 食 하라

갑골문 금문 소전
뚜껑[亼]을 덮은
밥그릇[良]의 모양

직역 및 해설

○ **飮食雖厭**이나 **與之必食**하라
음식이 비록 물리더라도, 그것을 주시면 반드시 먹어라.

○ **父母無衣**어시든 **毋思我衣**하며
부모님이 옷이 없으시거든, 내 옷을 생각하지 말며
留意 **母** 어머니 **모** ≠ **每** 매양 **매** ≠ **海** 바다 **해** ≠ **梅** 매화 **매**

○ **父母無食**이어시든 **毋思我食**하라
부모님이 드실 것이 없으시거든, 내 음식을 생각하지 말라.
留意 **無** 없을 **무** ≠ **舞** 춤출 **무**

·**厭** 물릴 **염** ·**無** 없을 무[無爲] ·**毋** 말 무

身體髮膚　勿A　A而B

035 身體髮膚를
勿毁勿傷하라

勿A : A하지 말라

036 衣服帶靴를
勿失勿裂하라

037 父母愛之어시든
喜而勿忘하라

A而B : A하고 B하다

직역 및 해설

• 신체발부身體髮膚 : 몸과 머리털과 피부. 또는 몸 전체.

○ 身體髮膚를 勿毁勿傷하라
몸과 머리털과 피부를 훼손毁損하지 말며 상하지 말라.

○ 衣服帶靴를 勿失勿裂하라
의복과 허리띠와 신발을 잃지 말고 찢지 말라.
留意 失 잃을 실 ≠ 矢 화살 시 ≠ 朱 붉을 주

○ 父母愛之어시든 喜而勿忘하라
부모님이 나를 사랑하시거든, 기뻐하고 잊지 말라.

·體 몸 체[四體] ·髮 터럭 발[毫髮] ·膚 살갗 부 ·毁 헐 훼[毁傷] ·傷 상할 상 ·帶 띠 대 ·靴 신 화
·失 잃을 실[過失] ·裂 찢을 렬 ·愛 사랑 애[愛民] ·喜 기쁠 희[喜色] ·忘 잊을 망[忘筌]

反省　登高親憂　深淵

038 父 母 責 之 어시든
反 省 勿 怨 하라

039 勿 登 高 樹 하라
父 母 憂 之 시니라

040 勿 泳 深 淵 하라
父 母 念 之 시니라

省 살필 성
少적을 소 + 目눈 목

두 눈[目]으로 가늘고 작은 풀[屮]을 '살피고' 있는 상황. 이후 屮이 少로 바뀜

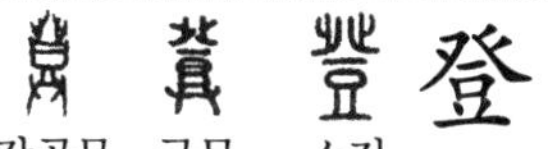

갑골문　금문　소전

두 손[廾 : 지금은 생략]으로 그릇[豆]을 받들고 제단으로 올라가는 두 발[止止]의 모양

직역 및 해설

○ 父母責之어시든 反省勿怨하라

부모님이 나를 꾸짖으시거든, 돌이켜 살피고[反省] 원망怨望하지 말라.

○ 勿登高樹하라 父母憂之시니라

높은 나무에 올라가지 말라. 부모님이 그것을 근심하신다.

留意 樹 나무 수 ≒ 木 나무 목

○ 勿泳深淵하라 父母念之시니라

깊은 연못[深淵]에서 헤엄치지 말라. 부모님이 그것을 염려念慮하신다.

留意 泳 헤엄칠 영 ≠ 永 길 영 ≠ 冰(=氷) 얼음 빙 ≠ 水 물 수

• 심연深淵 : 깊은 연못. 위험한 곳을 비유하는 말.

·怨 원망할 원[怨望]　·登 오를 등[登龍門]　·樹 나무 수　·憂 근심 우　·泳 헤엄칠 영　·深 깊을 심
·淵 못 연　·念 염려할 념

室堂 灑掃 稟行 自專 與AB 無敢A

勿A : A하지 말라
與AB : A와 B하다
不A : A하지 않다

041 勿與人鬪하라
父母不安이시니라

常 : 항상 ; 늘 ; 언제나
必A : 반드시 A하라

042 室堂有塵이어든
常必灑掃하라

無敢A : 감히 A하지 말라

043 事必稟行하고
無敢自專하라

직역 및 해설

- 실당室堂 : 주택. 당堂은 주로 집의 앞쪽에 실室은 뒤에 있음.
- 쇄소灑掃 : 물을 뿌리고 비로 쓺. 청소함.
- 품행稟行 : 상관이나 어른에게 여쭙고 행함.
- 자전自專 : 자기 뜻대로 판단하거나 결정함.

○ 勿與人鬪하라 父母不安이시니라

남과 다투지 말라. 부모님이 불안해하신다.

留意 鬪 싸울 투 ≒ 戰 싸울 전

○ 室堂有塵이어든 常必灑掃하라

방과 거실에 먼지가 있거든, 항상 반드시 물 뿌리고 쓸[灑掃]어라.

○ 事必稟行하고 無敢自專하라

일은 반드시 여쭈어 행하고, 감히 자기 멋대로 하지 말라.

留意 稟 = 禀 여쭐 품

·鬪 싸울 투 ·安 편안 안[不安] ·室 방 실 ·堂 집 당[升堂] ·塵 티끌 진[塵埃] ·常 항상 상[五常]
·灑 물 뿌릴 쇄 ·掃 쓸 소 ·事 일 사 ·稟 여쭐 품 ·敢 감히 감[敢當] ·自 스스로 자
·專 제멋대로 할 전

孟宗 雪裏求筍 王祥 剖冰得鯉

044 一欺父母면
其罪如山이니라

045 雪裏求筍은
孟宗之孝요

046 剖冰得鯉는
王祥之孝니라

一 : 한 번이라도
A如B : A는 B와 같다

 罪
금문 소전

잘못한[非] 사람을
그물질[罒]하여 잡아옴

A之B : A의 B

○ 一欺父母면 其罪如山이니라

한번 부모님을 속이면, 그 죄가 산과 같다네.

留意 欺 속일 기 ≠ 斯 이 사 ≠ 期 기약할 기

○ 雪裏求筍은 孟宗之孝요

눈 속에서 죽순을 구한 것은 맹종孟宗의 효도이고,

○ 剖冰得鯉는 王祥之孝니라

얼음을 깨고 잉어를 얻는 것은 왕상王祥의 효도라네.

- p.11의 〈왕상부빙〉 그림 참조.

직역 및 해설

- 맹종孟宗 : 중국 삼국시대 오吳나라 사람. 효자. 겨울에 어머니가 죽순竹筍을 먹고 싶다고 하여 대숲에 들어가 탄식하니 죽순이 돋아났는데, 이를 맹종죽孟宗竹이라 함.
- 왕상王祥 : 진晉나라 때의 사람. 겨울에 계모繼母가 먹고 싶어 하는 잉어를 잡기 위해 강의 얼음에 눕자, 잉어가 튀어나왔다고 함.

·一 한 일 ·欺 속일 기 ·罪 허물 죄 ·山 메 산[江山] ·雪 눈 설[雪中] ·裏 속 리 ·求 구할 구
·筍 죽순 순 ·孟 맏 맹 ·宗 마루 종 ·剖 쪼갤 부 ·冰 얼음 빙 ·鯉 잉어 리 ·王 임금 왕
·祥 상서 상

追遠報本 可 ≒ 能 ≒ 得 ≒ 足

能A : A할 수 있다

047 我身能賢이면
譽及父母니라

不A : A하지 못하다

048 我身不賢이면
辱及父母니라

049 追遠報本하야
祭祀必誠하라

必A : 반드시 A하라

직역 및 해설

- 可·能·得·足 : 할 수 있다
  - 可 가할 가 : 허락, 긍정
  - 能 능할 능 : 능력, 재능
  - 得 얻을 득 : 현실성
  - 足 족할 족 : 충분, 만족

- 추원보본追遠報本 : 조상의 은덕을 기리고 제사를 정성껏 받듦. = 보본원추報本追遠.

○ 我身能賢이면 譽及父母니라 (1 3 2)

내 몸이 어질 수 있으면, 명예名譽가 부모에게 미친다.

留意 能 ≒ 可 ≒ 得 ≒ 足

○ 我身不賢이면 辱及父母니라

내 몸이 어질지 못하면, 욕이 부모에게 미친다.

○ 追遠報本하야 祭祀必誠하라 (2 1 4 3)

먼 선조先祖를 추모先祖하고 근본에 보답하여, 제사祭祀를 반드시 정성스럽게 하라.

·能 능할 능 ·賢 어질 현[賢不肖] ·譽 명예 예 ·及 미칠 급 ·辱 욕될 욕 ·追 추모할 추
·本 근본 본 ·祭 제사 제 ·祀 제사 사 ·誠 정성 성

事親　　禽獸　　非A 曷B

050 非有先祖면
我身曷生이리오

非A曷B
:A 아니면 어찌 B하겠는가?

051 事親如此면
可謂孝矣니라

A如B : A가 B와 같다
可謂A : A라 할 수 있다

052 不能如此면
禽獸無異니라

不能A無B
:A할 수 없으면 B하지 않다

직역 및 해설

○ 非有先祖면 我身曷生이리오
조상이 있지 않다면, 내 몸이 어찌 생겨났겠는가?
留意 曷 어찌 갈 ≒ 何 어찌 하 ≒ 豈 어찌 기 ≒ 焉 어찌 언

○ 事親如此면 可謂孝矣니라
어버이를 섬김[事親]이 이와 같다면, 효도孝道라 이를 수 있을 것이다.
留意 此 이 차 ≠ 比 견줄 비

○ 不能如此면 禽獸無異니라
이와 같을 수 없다면, 금수禽獸와 다를 것이 없다.

· 금수禽獸 : 날짐승[禽]과 길짐승[獸]의 총칭.

·非 아닐 비[是非]　·祖 할아버지 조　·此 이 차[彼此]　·可 가능할 가　·謂 이를 위　·矣 어조사 의
·禽 새 금　·獸 짐승 수　·異 다를 리

盡忠 敬信 節用 愛民 人倫

A則B : A하면 B하다

053 學優則仕하야
為國盡忠하라

054 敬信節用하야
愛民如子하라

A如B : B처럼 A하다

055 人倫之中에
忠孝爲本이니

(以)A爲B : A를 B로 여기다/삼다

직역 및 해설

- 진충盡忠 : 충성을 다함. 나랏일에 목숨을 바침.
- 경신敬信 : 공경하고 믿음.
- 절용節用 : 아껴 씀.
- 애민愛民 : 백성을 사랑함.
- 인륜人倫 : 사람이 지켜야 할 다섯 가지의 윤리倫理. 부자유친父子有親·군신유의君臣有義·부부유별夫婦有別·장유유서長幼有序·붕우유신朋友有信. = 오륜五倫.

○ 學優則仕하야 爲國盡忠하라

배움이 넉넉하면 벼슬하여, 나라를 위해 충성忠誠을 다하라.

○ 敬信節用하야 愛民如子하라 (2 1 4 3)

삼가고[敬] 미더우며[信] 씀씀이를 절약[節用]하여, 자식처럼 백성을 사랑[愛民]하라.

○ 人倫之中에 忠孝爲本이니

인륜人倫의 가운데, 충성과 효도가 근본이 되니,

·學 배울 학[好學] ·優 넉넉할 우 ·則 곧 즉 ·仕 벼슬 사 ·國 나라 국 ·盡 다할 진[曲盡]
·忠 충성 충[忠孝] ·信 믿을 신[信實] ·節 절약할 절 ·用 쓸 용 ·民 백성 민 ·倫 인륜 륜[五倫]

竭力　盡命

056 孝當竭力하고
忠則盡命하라

當A : 마땅히 A하여야 한다
A則B : A에는 B하다

갑골문　금문　소전

힘을 쓰서 다루는 도구인 쟁기의 모양

○ 孝當竭力하고 忠則盡命하라

효도孝道는 마땅히 힘을 다하고, 충성忠誠은 목숨을 바쳐라.

留意 力 힘 력 ≠ 刀 칼 도 ≠ 刃 칼날 인

직역 및 해설

- 갈력竭力 : 있는 힘을 다함.
- 진명盡命 : 목숨을 바침. 생명을 바침.

·當 마땅 당　·竭 다할 갈　·力 힘 력

3. 夫婦, 兄弟 부부, 형제 사이의 도리

夫婦　二姓之合　家道

A之B : A의 B

057 夫婦之倫은
二姓之合이니

A如B : B처럼 A하다

058 相敬如賓하면
家道成矣리라

직역 및 해설

○ 夫婦之倫은 二姓之合이니
부부夫婦의 인륜人倫은 두 성씨의 결합結合이니
留意 婦 아내 부 ≠ 掃 쓸 소 ≠ 歸 돌아갈 귀

○ 相敬如賓하면 家道成矣리라
손님처럼 서로 공경하면, 집의 도리가 이루어 질 것이다.
留意 道 길 도 ≒ 途 길 도 ≒ 路 길 로

CV18135

·夫 남편 부 ·婦 아내 부 ·二 두 이 ·姓 성씨 성 ·合 합할 합 ·相 서로 상[相助]
·賓 손 빈[賓客] ·家 집 가[三家] ·道 길 도[家道] ·成 이룰 성

兄友弟恭 = 兄愛弟敬　同氣 = 一氣

059 兄弟姊妹는
同氣而生이니

A而B : A에 B하다

060 兄友弟恭하야
不敢怨怒니라

不敢A : 감히 A하지 말라

061 骨肉雖分이나
本生一氣요

雖A : 비록 A하더라도
本 : 본디 ; 본래

직역 및 해설

○ 兄弟姊妹는 同氣而生이니

형제兄弟와 자매姊妹는 같은 기운[同氣]에서 태어났으니,

留意 姊 손위 누이 자 = 姉 손위 누이 자
弟 아우 제 ≠ 第 차례 제

• 동기同氣 : 같은 기운. 형제·자매의 다른 말. = 일기一氣.

○ 兄友弟恭하야 不敢怨怒니라

형은 우애友愛하고 아우는 공손하여 감히 원망怨望하고 성내지 말라.

留意 怨 원망할 원 ≠ 恕 용서할 서 ≠ 怒 성낼 노 ≠ 恐 두려워할 공

• 형우제공兄友弟恭 : 형은 아우를 사랑하고 아우는 형을 공경함. = 형애제경兄愛弟敬.

○ 骨肉雖分이나 本生一氣요

뼈와 살은 비록 나뉘었으나, 본래 한 기운에서 태어났고,

·兄 형 형　·弟 아우 제　·姊 윗누이 자　·妹 아랫누이 매　·同 한가지 동　·氣 기운 기
·友 우애할 우[朋友]　·骨 뼈 골　·肉 고기 육　·分 나눌 분

一血 = 一氣 = 同氣　　同根異枝 ≒ 同源異流　　比A 於B

雖A : 비록 A라도
素 : 본디, 본래

062 形體雖異나
素受一血이니라

比A於B : A를 B에 비유하다

063 比之於木하면
同根異枝며

之 
갑골문　금문　소전
발의 모양

064 比之於水하면
同源異流니라

직역 및 해설

○ 形體雖異나 素受一血이니라

형체形體는 비록 다르나, 본래 한 피를 받았다.

留意 受 받을 수 ↔ 授 줄 수　　素 흴 소 ≒ 白 흴 백

○ 比之於木하면 同根異枝며

그 〈형제〉를 나무에 비유하면, 뿌리는 같으나 가지는 다르며,

○ 比之於水하면 同源異流니라

그 〈형제〉를 물에 비유하면, 근원根源은 같으나 지류支流가 다르다.

留意 源 근원 원 ≠ 原 언덕 원 ≠ 願 원할 원

· 形 모양 형[形氣]　· 素 본디 소　· 血 피 혈　· 比 견줄 비　· 於 어조사 어　· 木 나무 목
· 根 뿌리 근[根本]　· 枝 가지 지[枝葉]　· 水 물 수　· 源 근원 원[淵源]　· 流 흐를 류

怡怡 雁行 連衾同牀 有無 A則B

065 兄弟怡怡하야
行則雁行하라

A則B : A할 때엔 B하다

066 寢則連衾하고
食則同牀하라

067 分毋求多하며
有無相通하라

毋A : A하지 말라

○ 兄弟怡怡하야 行則雁行하라

형제는 화목和睦하게 지내며, 걸을 때는 기러기 줄[雁行] 〈같이하라〉.

留意 雁 = 鴈 기러기 안

○ 寢則連衾하고 食則同牀하라

잘 때는 이불을 이어 덮고, 먹을 때는 상을 같이하라.

留意 牀 평상 상 = 床 평상 상

○ 分毋求多하며 有無相通하라

나눌 때 많기를 구하지 말고, 가진 것[有無]을 서로 통용[相通]하라.

직역 및 해설

- 이이怡怡 : 형제가 화목한 모양.
- 안항雁行 : 형제가 함께 갈 때 기러기가 날아가는 것처럼 아우는 형 뒤에서 조금 떨어져 가야 한다는 말에서 유래함.
- 유무有無 : 가진 것. 소유.

· 怡 기쁠 이[怡聲] · 雁 기러기 안[鴻雁] · 寢 잘 침[寢所] · 連 잇닿을 련 · 衾 이불 금[衣衾]
· 牀 평상 상 · 多 많을 다[多寡] · 通 통할 통[通行]

夷狄　衣服　飮食

A之B : A의 B

068 私其衣食이면
夷狄之徒니라

無A : A가 없다
必A : 반드시 A하라

069 兄無衣服이어든
弟必獻之하고

070 弟無飮食이어든
兄必與之하라

직역 및 해설

• 이적夷狄 : 오랑캐. 동쪽과 북쪽의 소수 민족. 중화민족 이외의 모든 부족에 대한 총칭.

○ 私其衣食이면 夷狄之徒니라

그 의복과 음식을 사사로이 하면, 오랑캐[夷狄]의 무리니라.

留意 私 사사로울 사 ↔ 公 공변될 공
私 사사로울 사 ≠ 和 화목할 화 ≠ 利 이로울 리

○ 兄無衣服이어든 弟必獻之하고

형이 의복이 없거든, 아우가 반드시 그것을 드리고,

○ 弟無飮食이어든 兄必與之하라

아우가 음식이 없거든, 형은 반드시 그것을 주어라.

· 私 사사로울 사　· 夷 오랑캐 이[九夷]　· 狄 오랑캐 적　· 徒 무리 도

一杯　一粒　敢莫A

071 一杯之水라도
必分而飮하고

A之B : A의 B
必A : 반드시 A하라
A而B : A해서 B하다

072 一粒之食이라도
必分而食하라

073 兄雖責我나
莫敢抗怒하고

雖A : 비록 A라도
莫敢A : 감히 A하지 말라

○ 一杯之水라도 必分而飮하고
한 잔의 물이라도 반드시 나누어서 마시고,
留意 杯 잔 배 = 盃 잔 배　　分 나눌 분 ≠ 令 하여금 령

○ 一粒之食이라도 必分而食하라
한 알의 곡식이라도 반드시 나누어서 먹어라.

○ 兄雖責我나 莫敢抗怒하고
형이 비록 나를 꾸짖더라도 감히 대들어 성내지 말고,

직역 및 해설

- 일배一杯 : 하나의 술잔. 또는 한 잔에 담을 만한 분량의 작은 것을 비유.
- 일립一粒 : 한 알. 곡식 한 톨의 작은 것을 비유.

·杯 잔 배　·粒 낟알 립　·莫 없을 막　·抗 겨룰 항

聲責　隱惡揚善

雖A : 비록 A라도
勿A : A하지 말라

074 弟雖有過나
須勿聲責하라

必A : 반드시 A하라
A于B : B에서 A하다

075 兄弟有善이어든
必譽于外하라

A而勿B : A하고서 B하지 말라

076 兄弟有失이어든
隱而勿揚하라

직역 및 해설

○ **弟雖有過**나 **須勿聲責**하라
아우가 비록 잘못이 있더라도, 모름지기 소리내어 꾸짖지 말라.

○ **兄弟有善**이어든 **必譽于外**하라
형제에게 잘한 일이 있거든, 반드시 밖으로 칭찬稱讚하라.

• 은악양선隱惡揚善 : 남의 잘못은 숨겨 주고 좋은 점은 널리 알림.

○ **兄弟有失**이어든 **隱而勿揚**하라
형제에게 실수失手가 있으면, 숨기고서 드러내지 말라.
留意 隱 숨을 은 ↔ 顯 나타날 현

·過 허물 과[改過] ·善 착할 선 ·于 어조사 우[于今] ·外 바깥 외 ·隱 숨길 은 ·揚 드러낼 양[揚善]

有難思救　歡樂　樂 - 악, 락, 요

077 兄弟有難이어든
閔而思救하라

A而B : A하고서 B하다

078 兄能如此면
弟亦效之리라

能A : A할 수 있다
如A : A와 같다
亦 : 또 ; 또한

079 我有歡樂이면
兄弟亦樂하고

직역 및 해설

○ 兄弟有難이어든 閔而思救하라
형제가 어려움이 있으면, 근심하고 도울 것을 생각하라.
留意 難 어려울 난 ≒ 艱 어려울 간 ≠ 歎 탄식할 탄

○ 兄能如此면 弟亦效之리라
형이 이와 같을 수 있다면, 아우 또한 그를 본받으리라.
留意 此 이 차 ↔ 彼 저 피

○ 我有歡樂이면 兄弟亦樂하고
나에게 즐거움이 있으면, 형제 또한 즐거워하고,
留意 樂 즐거울 락 ; 樂 음악 악 ; 樂 좋아할 요

• 환락歡樂 : 기뻐하고 즐거워함.

·難 어려울 난 [患難]　·閔 근심할 민　·救 구원할 구 [相救]　·效 본받을 효　·歡 기쁠 환
·樂 즐거울 락

憂患 和睦 豈若A

080 我有憂患이면
兄弟亦憂니라

081 雖有他親이나
豈若兄弟리오

082 兄弟和睦이면
父母喜之시니라

雖A : 비록 A라도
豈若A : 어찌 A와 같겠는가?

직역 및 해설

○ 我有憂患이면 兄弟亦憂니라

나에게 우환憂患이 있으면, 형제 또한 근심한다.

留意 我 나 아 ≒ 吾 나 오 ≒ 余(=予) 나 여
↔ 汝 너 여 ≒ 若 너 약 ≒ 爾 너 이

• 우환憂患 : 고통과 환난. 걱정거리.

○ 雖有他親이나 豈若兄弟리오

비록 다른 친척親戚이 있으나, 어찌 형제와 같겠는가?

○ 兄弟和睦이면 父母喜之시니라

형제가 화목和睦하면, 부모님이 그것을 기뻐하신다.

• 화목和睦 : 서로 뜻이 맞고 정다움. 화락하고 친밀함.

· 患 근심 환 · 他 다를 타 [無他] · 豈 어찌 기 · 和 온화할 화 [人和] · 睦 화목할 목

4. 師弟, 長幼, 朋友

스승과 제자, 어른과 어린이, 벗 사이의 도리

事師 先生 施敎 弟子

083 事師如親하야
必恭必敬하라

084 先生施敎어시든
弟子是則하라 (則: 칙)

A如B : B처럼 A하다
必A : 반드시 A하라

生 날 생
屮 싹날 철 + 土 흙 토
땅 위로[土] 싹이 자란[屮] 모습

○ **事師如親**하야 **必恭必敬**하라

스승 섬김[事師]을 어버이와 같이하여, 반드시 공손恭遜하고 반드시 공경恭敬하라.

留意 師 스승 사 ≠ 帥 장수 수

○ **先生施敎**어시든 **弟子是則**하라

선생이 가르침을 베푸시거든, 제자는 이것을 본받아라.

留意 施 베풀 시 ≠ 旅 나그네 려 　 敎 가르칠 교 ≠ 孝 효도 효

직역 및 해설

• 사사事師 : 스승을 섬김.

• 시교施敎 : 가르침을 베풂. 교육을 진행함.

·師 스승 사 ·施 베풀 시 ·敎 가르칠 교[敎化] ·是 이 시

CV19149

夙興夜寐　字畫楷正

勿A : A하지 말라

085 夙 興 夜 寐 하야
勿 懶 讀 書 하라

086 勤 勉 工 夫 하면
父 母 悅 之 시니라

始 : 비로소 ; 처음으로

087 始 習 文 字 어든
字 畫 楷 正 하라

직역 및 해설

○ 夙興夜寐하야 勿懶讀書하라
일찍 일어나고 밤에 자면서 책 읽기를 게을리하지 말라.

○ 勤勉工夫하면 父母悅之시니라
공부에 부지런히 힘쓰면, 부모가 그것을 기뻐한다.

○ 始習文字어든 字畫楷正하라
처음 문자를 익히거든, 글자의 획을 바르게 하라.

留意 畫 [(=畵)그림 화 ; (=劃)그을 획] ≠ 晝 낮 주 ≠ 書 글 서

• 자획字畫 : 글자의 점획點畫. = 필획筆畫.
• 해정楷正 : 글자의 모양이 또렷하고 바름.

·夙 이를 숙 [夙夜] ·興 일어날 흥 [興起] ·夜 밤 야 [五夜] ·寐 잘 매 ·懶 게으를 라 ·讀 읽을 독
·書 글 서 ·勤 부지런할 근 ·勉 힘쓸 면 ·工 장인 공 ·悅 기쁠 열 ·始 비로소 시 [終始]
·習 익힐 습 [學習] ·文 글월 문 ·字 글자 자 ·畫 그을 획 ·楷 바를 해 ·正 바를 정

狼藉　孝悌師恩　知行師功　A總是B

088 書 冊 狼 藉 어든
每 必 整 頓 하라

每 : 매번 ; 늘
必A : 반드시 A하라

089 能 孝 能 悌 가
莫 非 師 恩 이니라

能A : A할 수 있다
莫非A : A 아님이 없다

090 能 知 能 行 이
總 是 師 功 이니라

A總是B : A는 모두 B이다

직역 및 해설

○ 書冊狼藉어든 每必整頓하라

서책이 어지럽게 널려 있으면[狼藉], 매번 반드시 정돈整頓하라.

留意 冊 = 册 책 책

• 낭자狼藉 : 이리저리 어지럽게 널브러져 있는 모양.

○ 能孝能悌가 莫非師恩이니라

효도孝道할 수 있고 공경할 수 있음은 스승의 은혜恩惠가 아님이 없다.

留意 非 그를 비 ↔ 是 옳을 시

○ 能知能行이 總是師功이니라

알 수 있고 실천實踐할 수 있음은 모두 스승의 공이다.

• 총시總是 : 모두 또는 결국.

· 冊 책 책[書冊]　· 狼 어지러울 랑　· 藉 깔 자　· 整 가지런할 정　· 頓 가지런할 돈　· 悌 공손할 제[孝悌]
· 知 알 지[上知]　· 總 모두 총　· 功 공적 공

長幼　慈幼　敬長　進退　A以B

091 長者慈幼하고
幼者敬長하라

092 長者之前엔
進退必恭하라

093 年長以倍어든
父以事之하고

A之B : A의 B
必A : 반드시 A하라

A以B : B로써 A하다
A以B : A로서 B하다

年 
갑골문　금문　소전
벼의 모양

직역 및 해설

○ 長者慈幼하고 幼者敬長하라

어른은 어린이를 사랑하고 어린이는 어른을 공경하라.

留意 長 길 장 ↔ 短 짧을 단
長 길 장 ≠ 張 베풀 장 ≠ 帳 장막 장

○ 長者之前엔 進退必恭하라

어른의 앞에서 나아가고 물러날 때는 반드시 공손하라.

○ 年長以倍어든 父以事之하고

나이가 배로 많거든, 아버지로 그를 섬기고,

- 장유長幼 : 연장자와 연소자. 나이가 많고 적음.
- 장자長者 : 나이나 항렬이 높은 사람.
- 진퇴進退 : 나아가고 물러남. 또는 나아감과 물러남.

·長 어른 장　·慈 사랑 자[慈愛]　·幼 어릴 유　·退 물러날 퇴　·年 해 년[豊年]　·倍 곱 배

年倍事父 十年事兄　我敬人敬　人의 의미

094 十 年 以 長 이어든
兄 以 事 之 하라

A以B : A로서 B하다

갑골문 금문 소전

입[口]으로 지시하는 연장자[儿]인 형

095 我 敬 人 親 이면
人 敬 我 親 하고

096 我 敬 人 兄 이면
人 敬 我 兄 이니라

직역 및 해설

○ **十年以長**이어든 **兄以事之**하라
열 살 이상 많거든, 형으로 그를 섬겨라.

○ **我敬人親**이면 **人敬我親**하고
내가 남의 어버이를 공경하면, 남이 내 어버이를 공경하고,

留意 人 : ① 사람(동물·사물의 반대) ② 다른 사람(타인)

○ **我敬人兄**이면 **人敬我兄**이니라
내가 남의 형을 공경하면, 남이 내 형을 공경한다.

· 十 열 십

賓客來訪　門戶　A之在B ≒ A之於B

必A : 반드시 A하라

來 
갑골문 금문 소전
보리의 잎[人人]과 줄기와 뿌리[木]를 본뜸

A之在B : A가 B에 있어
不可無A : A가 없을 수 없다

097 賓客來訪이어든
接待必誠하라

098 賓客不來면
門戶寂寞이니라

099 人之在世에
不可無友니

직역 및 해설

- 내방來訪 : 만나기 위하여 찾아 옴.
- 문호門戶 : 집을 드나드는 문.

○ 賓客來訪이어든 接待必誠하라

빈객이 찾아오거든, 접대에 반드시 정성을 다하라.

留意 來 올 래 ↔ 去 갈 거

○ 賓客不來면 門戶寂寞이니라

빈객이 찾아오지 않으면, 집안이 적막寂寞하다.

留意 寂 고요할 적 ≒ 寞 고요할 막

○ 人之在世에 不可無友니

사람이 세상에 살면서 벗이 없을 수 없으니,

留意 友 벗 우 ≒ 朋 벗 붕
在 있을 재 ≒ 存 있을 존 ≒ 有 있을 유

·客 손 객　·來 올 래[以來]　·訪 찾을 방　·接 접할 접　·待 대우할 대　·寂 고요할 적　·寞 고요할 막
·在 있을 재[所在]　·世 세상 세

會友輔仁　從遊

100 以文會友하고
以友輔仁하라

101 友其正人이면
我亦自正이요

102 從遊邪人이면
我亦自邪니라

以AB : A로써 B하다

自 : 저절로, 스스로

갑골문　금문　소전

코의 모양

직역 및 해설

○ 以文會友하고 以友輔仁하라

글로 벗을 모으고, 벗으로 인仁을 도와라.

留意　會 모일 회 ≠ 曾 일찍 증

○ 友其正人이면 我亦自正이요

그 바른 사람을 벗하면, 나 또한 저절로 바르게 되고,

○ 從遊邪人이면 我亦自邪니라

간사奸邪한 사람을 좇아서 놀면, 나 또한 저절로 간사해진다.

• 종유從遊 : 서로 왕래함. 교유함.

· 會 모일 회[朝會]　· 輔 도울 보　· 仁 어질 인　· 友 벗할 우　· 從 좇을 종　· 邪 간사할 사[邪侈]

麻中自直　在泥自汚　近墨者黑 近朱者赤　朱砂　不A 自B

103 蓬生麻中이면
不扶自直이요

104 白沙在泥면
不染自汚니라

105 近墨者黑이요
近朱者赤이니

不A自B
:A하지 않더라도 저절로 B하다

扶 도울 부
扌 손 수 + 夫 지아비 부
사람[夫] 옆에서 손[扌]으로 부축함

직역 및 해설

○ **蓬生麻中**이면 **不扶自直**이요

쑥이 삼 가운데서 자라나면, 붙들어주지 않아도 저절로 곧아지고,

○ **白沙在泥**면 **不染自汚**니라

흰 모래가 진흙에 있으면, 물들이지 않아도 저절로 더러워진다.

留意 汚 = 汙 더러울 오

○ **近墨者黑**이요 **近朱者赤**이니

먹을 가까이하는 사람은 검어지고, 주사朱砂를 가까이하는 사람은 붉어지니,

• 주사朱砂: 붉은 빛이 나는 광물. = 단사丹砂·주사硃砂·진사辰砂.

·蓬 쑥 봉　·麻 삼 마　·扶 도울 부　·直 곧을 직　·白 흰 백　·沙 모래 사　·泥 진흙 니　·染 물들 염
·汚 더러울 오　·近 가까울 근[近思]　·墨 먹 묵　·黑 검을 흑　·朱 붉을 주　·赤 주사 적[赤子]

居必擇鄰　就必有德　擇友

106 居必擇鄰하고
就必有德하라

必A : 반드시 A하라

107 擇而交之면
有所補益하고

A而B : A해서 B하다
所A : A하는 바

108 不擇而交면
反有害矣니라

不A而B : A하지 않고서 B하다
反 : 도리어
反A矣 : 도리어 A할 것이다

직역 및 해설

○ 居必擇鄰하고 就必有德하라
거처居處할 때엔 반드시 이웃을 가리고, 나아갈 때는 반드시 덕 있는 사람[有德]이어야 한다.

留意 隣 = 鄰 이웃 린
擇 가릴 택 ≠ 澤 못 택 ≠ 譯 번역할 역 ≠ 驛 역 역

○ 擇而交之면 有所補益하고
가려서 벗을 사귀면[擇友] 보태어지는 바가 있고,

○ 不擇而交면 反有害矣니라
가리지 않고서 사귀면 도리어 해가 있을 것이다.

• 택린擇鄰 : 좋은 이웃을 선택하여 삶.
• 유덕有德 : 덕이나 덕망이 있음. 또는 그런 사람.
• 택우擇友 : 좋은 벗을 골라 사귐.

·居 살 거　·擇 가릴 택　·鄰 이웃 린　·就 나아갈 취　·交 사귈 교[相交]　·所 바 소　·補 기울 보
·益 더할 익　·害 해할 해[有害]

忠告　責友　面讚　諂諛

109 朋友有過어든
忠告善導하라

110 人無責友면
易陷不義니라

111 面讚我善이면
諂諛之人이요

無A : A가 없다
易 : 쉽게
不A : A하지 못하다

A之B : A하는 B

직역 및 해설

- 충고忠告 : 남의 결함이나 잘못을 진심으로 타이름.
- 책우責友 : 허물을 꾸짖어주는 친구.
- 면찬面讚 : 면전에서 칭찬함.

○ 朋友有過어든 忠告善導하라

벗이 잘못이 있거든, 충고忠告하여 선善으로 인도引導하라.

留意 道 : 길 도 ; (= 導) 이끌 도 ; (= 徒) 무리 도
道 다스릴 도 ≒ 治 다스릴 치

○ 人無責友면 易陷不義니라

사람은 꾸짖어주는 친구가 없으면, 쉽게 불의不義에 빠진다.

○ 面讚我善이면 諂諛之人이요

면전面前에서 나의 선을 칭찬稱讚하면, 아첨阿諂하는 사람이고,

·朋 벗 붕　·導 인도할 도　·易 쉬울 이 [易然]　·陷 빠질 함 [陷溺]　·義 옳을 의 [仁義]　·讚 기릴 찬
·諂 아첨할 첨　·諛 아첨할 유

面責 剛直 知過必改

112 面責我過면
剛直之人이니라

113 言而不信이면
非直之友니라

114 見善從之하고
知過必改하라

A之B : A한 B

A而不B : A하되 B하지 못하다
不A非B : A 아니면 B가 아니다

必A : 반드시 A하라

○ 面責我過면 剛直之人이니라
면전에서 나의 잘못을 꾸짖으면, 강직한 사람이다.

○ 言而不信이면 非直之友니라
말을 하되 미덥지 못하면, 정직한 벗이 아니다.

○ 見善從之하고 知過必改하라
선善을 보면 그 선을 따르고, 잘못을 알면 반드시 고쳐라.

직역 및 해설

• 면책面責 : 면전에서 질책함.

• 剛 군셀 강 [剛柔] • 言 말씀 언 • 見 볼 견 [識見] • 改 고칠 개 [改嫁]

悅讚皆僞　厭責無進　直無陰徒

A者B : A는 B이다
百 : 모두
皆 : 모두

115 悅人讚者는
百事皆僞며

無A : A하지 않다

116 厭人責者는
其行無進이니라

117 直木無陰이요
直士無徒니라

직역 및 해설

3 1 2 4
○ 悅人讚者는 百事皆僞며

남의 칭찬稱讚을 기뻐하는 사람은 모든 일이 다 거짓이고,

3 1 2 4
○ 厭人責者는 其行無進이니라

남의 꾸지람을 싫어하는 사람은 그 행동에 진전進展이 없다네.

○ 直木無陰이요 直士無徒니라

곧은 나무는 그늘이 없고, 곧은 선비는 무리가 없다네.

留意 木 나무 목 ≠ 本 근본 본 ≠ 未 아닐 미 ≠ 末 끝 말
陰 그늘 음 ↔ 陽 볕 양

·百 일백 백[三百]　·皆 다 개　·僞 거짓 위[僞朝]　·陰 그늘 음[光陰]　·士 선비 사[士師]

118 松 茂 栢 悅 이요
芝 焚 蕙 歎 이라

○ 松茂栢悅이요 芝焚蕙歎이라

소나무가 무성하면 잣나무가 기뻐하고, 지초芝草가 타면 혜초蕙草가 탄식하네.

留意 悅 기쁠 열 ≒ 喜 기쁠 희 ≒ 怡 기쁠 이 ≒ 歡 기쁠 환

직역 및 해설

- 송무백열松茂栢悅 : 벗이 잘된 것을 기뻐함을 이르는 말.
- 지분혜탄芝焚蕙歎 : 동류同類가 불행을 만났을 때 함께 슬퍼함을 비유함.

·松 소나무 송 ·茂 무성할 무 ·栢 측백 백 ·芝 지초 지[芝蘭] ·焚 불사를 분[焚書] ·蕙 풀 이름 혜
·歎 탄식할 탄[可歎]

5. 修身 몸을 닦는 방법

五倫

有 있을 유
又 또 우 + 月 고기 육
오른손[又]으로 고기[月]를 잡음

119 父子有親하며
君臣有義하며

120 夫婦有別하며
長幼有序하며

직역 및 해설

○ 父子有親하며 君臣有義하며
부모와 자식은 친함이 있으며, 임금과 신하는 의리가 있으며,
留意 臣 신하 신 ≠ 巨 클 거

○ 夫婦有別하며 長幼有序하며
남편과 아내는 분별이 있으며, 어른과 아이는 차례가 있으며,
留意 別 다를 별 ≒ 差 다를 차 ≒ 他 다를 타 ≒ 異 다를 이

CV18167

·君 임금 군[山君] ·臣 신하 신[亂臣] ·別 나눌 별[分別] ·序 차례 서[庠序]

三綱

121 朋 友 有 信 이니
是 謂 五 倫 이니라

122 君 爲 臣 綱 이요
父 爲 子 綱 이요

123 夫 爲 婦 綱 이니
是 謂 三 綱 이니라

A爲B : A가 B가 되다

倫 인륜 륜
亻 사람 인 + 侖 조리 있을 윤
사람[亻]의 행실이 조리 있음[侖]

○ **朋友有信**이니 **是謂五倫**이니라

벗과 벗 사이에는 신의信義가 있으니, 이것을 오륜五倫이라 이른다.

留意 五 다섯 오 ≠ 吾 나 오

○ **君爲臣綱**이요 **父爲子綱**이요

임금은 신하臣下의 벼리가 되고, 아버지는 자식의 벼리가 되며,

○ **夫爲婦綱**이니 **是謂三綱**이니라

남편은 아내의 벼리가 되니, 이것을 삼강三綱이라 이른다.

직역 및 해설

- 오륜五倫 : 사람이 지켜야 할 다섯 가지 윤리.
- 벼리[綱] : 그물 코를 꿴 굵은 줄. 또는 일이나 글의 뼈대가 되는 줄거리.
- 삼강三綱 : 군신君臣, 부자父子, 부부夫婦의 도道.

· 五 다섯 오 · 綱 벼리 강 · 三 석 삼[三代]

倫綱　四勿　所以A 以B　非A 勿B

所以A以B
:A한 까닭은 B 때문이다

124 人所以貴는
以其倫綱이니라

非A勿B : A 아니면 B하지 말라

125 非禮勿視하며
非禮勿聽하며

126 非禮勿言하며
非禮勿動이니라

직역 및 해설

• 윤강倫綱 : 삼강三綱과 오륜五倫.

• 사물四勿 : 공자孔子가 안회顔回에게 가르친 극기복례克己復禮하는 네 가지 조목.

○ 人所以貴는 以其倫綱이니라

사람이 귀한 까닭은 그 오륜五倫과 삼강三綱 때문이다.

○ 非禮勿視하며 非禮勿聽하며

예가 아니면 보지 말며, 예가 아니면 듣지 말며,

留意 聽 들을 청 ≠ 廳 관청 청

○ 非禮勿言하며 非禮勿動이니라

예가 아니면 말하지 말며, 예가 아니면 행동하지 말라.

留意 動 움직일 동 ≠ 重 무거울 중

·貴 귀할 귀[貴賤]　·禮 예도 례　·視 볼 시[疾視]　·動 움직일 동[不動心]

容貌 衣冠 居處 步履安詳

127 行必正直하고
言則信實하며

128 容貌端正하고
衣冠整齊하라

129 居處必恭하고
步履安詳하라

必A : 반드시 A하라
A則B : A에는 B하다

恭 공손할 공
共 함께 공 + 心 마음 심
두 손으로 물건을 바치는[共] '공손한' 마음[心]

직역 및 해설

○ 行必正直하고 言則信實하며
행동은 반드시 정직正直하고, 말은 미덥고 성실誠實하며,

○ 容貌端正하고 衣冠整齊하라
용모를 단정端正히 하고, 의관을 가지런히[整齊] 하라.

留意 端 바를 단 ≠ 瑞 상서 서

○ 居處必恭하고 步履安詳하라
거처할 때 반드시 공손히 하고, 걸을 때에는 침착하라.

留意 處 곳 처 ≠ 虎 범 호
步 걸음 보 ≠ 陟 오를 척 ≠ 涉 건널 섭

• 보리步履 : 걷는 것. 보행.
• 안상安詳 : 성질이 찬찬하고 자세함.

· 實 열매 실[篤實] · 容 얼굴 용 · 貌 모양 모 · 端 끝 단 · 冠 갓 관 · 齊 가지런할 제[齊家]
· 處 곳 처 · 履 밟을 리 · 詳 자세할 상

謀始顧行　德固諾重　愼節

130 作事謀始하고
出言顧行하라

131 常德固持하고
然諾重應하라

132 飮食愼節하고
言語恭遜하라

出 나갈 출
凵 입 벌릴 감 + 止 그칠 지
출입구[凵] 밖으로
발을 디딘[止] 모습

固 : 굳게

직역 및 해설

• 고행顧行 : 행실을 돌아봄. 덕행을 중히 여김.

○ 作事謀始하고 出言顧行하라
일을 할 때는 〈좋은〉 시작을 도모하고, 말을 할 때는 행실을 돌아보라.

○ 常德固持하고 然諾重應하라
떳떳한 덕을 굳게 지키고, 그렇다 허락할 때 신중히 대답하라.

• 신절愼節 : 조심하여 조절함.

○ 飮食愼節하고 言語恭遜하라
마시고 먹을 때 삼가고 절제하며, 말할 때 공손히 하라.

留意　遜 겸손할 손 ≠ 孫 손자 손

·作 지을 작　·顧 돌아볼 고[顧慮]　·固 굳을 고　·持 가질 지[持身]　·然 그럴 연　·諾 허락할 락
·重 무거울 중[重器]　·應 응할 응　·語 말씀 어　·遜 겸손할 손[不遜]

德業 禮俗 相恤 鄕約 困厄

133 **德業相勸**하고
過失相規하며

134 **禮俗相交**하고
患難相恤하라

135 **貧窮困厄**에
親戚相救하며

A相B : A를 서로 B하다

相 서로 상
木 나무 목 + 目 눈 목
나무[木]를 눈[目]으로 살펴보는 상황 '서로'로 뜻이 파생됨

○ **德業相勸**하고 **過失相規**하며

덕 있는 일은 서로 권하고, 허물과 실수는 서로 바로잡으며,

留意 規 법 규 ≒ 典 법 전 ≒ 法 법 법 ≒ 式 법 식 ≒ 範 법 범 ≒ 律 법 률

○ **禮俗相交**하고 **患難相恤**하라

예에 맞는 풍속은 서로 교류하며, 근심스런 일과 어려운 일은 서로 도와라.

- '133·134'는 향약鄕約의 4대 덕목.

○ **貧窮困厄**에 **親戚相救**하며

가난과 재난에는 친척이 서로 구원하며,

留意 厄 곤경 액 ≠ 危 위태할 위

직역 및 해설

• 덕업德業 : 덕행德行과 공업功業.

• 향약鄕約 : 조선시대 향풍鄕風의 순화를 위하여 마련한 향촌 주민의 생활 규칙.

• 곤액困厄 : 곤경과 재난.

·業 업 업 ·勸 권할 권[勸君] ·規 바로잡을 규[規矩] ·俗 풍속 속[流俗] ·恤 구휼할 휼[救恤]
·貧 가난할 빈[貧賤] ·窮 다할 궁[窮理] ·困 곤할 곤[困知] ·厄 곤경 액 ·戚 친척 척[親戚]

鄰保 修身 齊家 治國 起家

A相B : A를 서로 B하다

136 婚姻死喪에
鄰保相助하라

A之B : A의 B

137 修身齊家는
治國之本이요

138 讀書勤儉은
起家之本이니라

직역 및 해설

- 인보鄰保 : 가까운 이웃이나 이웃사람.
- 수신修身 : 몸을 닦음. 심신을 도야하고 덕성을 함양함.
- 제가齊家 : 치가治家함. 집안을 다스림.
- 치국治國 : 나라를 다스림.
- 기가起家 : 집안을 일으킴. 또는 입신출세함.

○ 婚姻死喪에 鄰保相助하라

혼례와 장례에는 이웃이 서로 도와라.

留意 死 죽을 사 ↔ 生 살 생

○ 修身齊家는 治國之本이요

몸을 닦고 집안을 가지런히 함은 나라를 다스리는 근본이고,

留意 齊 가지런할 제 ≠ 齋 재계할 재

○ 讀書勤儉은 起家之本이니라

책을 읽고 부지런하고 검소함은 집안을 일으키는 근본이다.

·婚 혼인할 혼 ·姻 혼인할 인 ·死 죽을 사 ·喪 잃을 상[去喪] ·保 이웃 보 ·助 도울 조
·修 닦을 수[修己] ·治 다스릴 치 ·儉 검소할 검

謙讓　莫談他短 靡恃己長　不欲勿施

139 人之德行은
謙讓爲上이니라

140 莫談他短하고
靡恃己長하라

141 己所不欲을
勿施於人하라

A之B : A의 B
A爲B : A가 B가 되다

莫A : A하지 말라
靡A : A하지 말라

所A : A하는 것
A於B : B에게 A하다

○ 人之德行은 謙讓爲上이니라
사람의 덕행은 겸손謙遜과 양보讓步가 최상이 된다.
留意 兼 겸할 겸 ≠ 廉 청렴할 렴 ≠ 嫌 싫어할 혐 ≠ 謙 겸손할 겸

○ 莫談他短하고 靡恃己長하라 (4 3 1 2 / 4 3 1 2)
남의 단점을 말하지 말고, 자기의 장점을 믿지 말라.
留意 談 말씀 담 ≒ 言 말씀 언 ≒ 語 말씀 어 ≒ 說 말씀 설 ≒ 話 말씀 화

○ 己所不欲을 勿施於人하라
자기가 하고자 하지 않는 것을 남에게 베풀지 말라.

직역 및 해설
• 겸양謙讓 : 겸손과 양보.

·謙 겸손할 겸[自謙] ·讓 사양할 양[辭讓之心] ·上 윗 상 ·短 단점 단 ·靡 아닐 미 ·恃 믿을 시 ·己 몸 기

積善餘慶 不善餘殃　利己自害

A之B : A한 B
必A : 반드시 A한다

142 積 善 之 家는
必 有 餘 慶이요

143 不 善 之 家는
必 有 餘 殃이니라

144 損 人 利 己면
終 是 自 害니라

A終是B : A하면 끝내 B한다

직역 및 해설

- 적선積善 : 선행을 많이 함.
- 여경餘慶 : 남에게 좋은 일을 많이 한 보답으로 뒷날 그 자손이 받는 복.

○ **積善之家**는 **必有餘慶**이요

선행을 쌓은 집안은 반드시 〈후손에게〉 남겨지는 경사가 있고,

留意 積 쌓을 적 ≒ 貯 쌓을 저 ≒ 畜 쌓을 축

○ **不善之家**는 **必有餘殃**이니라

선하지 못 한 집안은 반드시 〈후손에게〉 남겨지는 재앙이 있다.

○ **損人利己**면 **終是自害**니라

남에게 손해를 끼치고 자신을 이롭게 하면, 마침내 스스로를 해치는 것이다.

留意 終 마칠 종 ↔ 始 처음 시

·積 쌓을 적 [積善] ·餘 남을 여 [餘力] ·慶 경사 경 ·殃 재앙 앙 [殃民] ·損 덜 손
·利 이로울 리 [地利] ·終 마침내 종

145 禍 福 無 門 하야
惟 人 所 召 니라

無A : A가 없다
惟A : 오직 A 뿐이다

福 복 복
示 보일 시 + 畐 가득할 복
술이 가득한 병[畐]을
신[示]에게 보임
곧 '복'을 기원함

직역 및 해설

○ 禍福無門하야 惟人所召니라

화복은 〈정해진〉 문이 없으니 오직 사람이 불러들인 것 뿐이다.

- 화와 복은 정하여진 운명이 없고, 사람이 스스로 불러들이는 것임.

留意 召 부를 소 ≠ 沼 늪 소 ≠ 招 부를 초 ≠ 超 넘을 초

·禍 재앙 화 ·福 복 복 ·惟 오직 유 ·召 부를 소[召南]

6. 俗淡 속담

見聞　見知　枯木生花　A不若B

146 聞 不 若 見 이요
見 不 若 知 라

147 枯 木 生 花 요
老 蚌 生 珠 라

A不若B : A는 B 만 못하다

聞 
갑골문　금문　소전
문[門]에 귀[耳]를 대고 들음

직역 및 해설

• 견지見知 : 눈으로 보고서야 그 것에 담긴 이치를 환히 앎.

○ 聞不若見이요 見不若知라

듣는 것은 보는 것만 못하고, 보는 것은 아는 것만 못하다.

⇒ 백번 듣는 것이 한 번 보는 것만 못하다.

留意 知 알 지 ≠ 和 화목할 화

○ 枯木生花요 老蚌生珠라

마른 나무[枯木]가 꽃을 피우고, 늙은 조개가 진주를 낳는다.

留意 枯 마를 고 ≒ 燥 마를 조 ≒ 乾 마를 건

CV18353

·聞 들을 문　·枯 마를 고　·花 꽃 화　·老 늙을 로　·蚌 조개 방　·珠 구슬 주

傍觀　忘筌　忘蹄　投石石來

148 傍觀者審이나
當局者迷라

149 得魚忘筌하고
得兎忘蹄라

150 投石石來요
擲餠餠回라

忘 잊을 망
亡 망할 망 + 心 마음 심
마음[心]에서
완전히 없어져버림[亡]

○ 傍觀者審이나 當局者迷라

곁에서 보는 이는 밝게 알지만, 바둑판을 맞댄 이는 혼미하다.

- 곁에서 보는 사람은 상황 파악이 쉬워도, 직접 당한 사람은 잘 알지 못한다는 말.

留意 觀 볼 관 ≒ 見 볼 견 ≒ 視 볼 시 ≒ 監 볼 감 ≒ 看 볼 간

○ 得魚忘筌하고 得兎忘蹄라

물고기를 얻으면 통발을 잊고, 토끼를 얻으면 올무를 잊는다.

- 목적을 이루고 나면 소용되었던 것을 잊어버린다는 뜻의 비유.

留意 兎 = 兔 토끼 토

○ 投石石來요 擲餠餠回라

돌을 던지면 돌이 오고, 떡을 던지면 떡이 돌아온다.

- 남이 대하는 태도에 따라 나도 남을 그 태도에 맞게 대한다는 뜻.

직역 및 해설

- 방관傍觀: 어떤 일에 직접 나서서 관여하지 않고 곁에서 보기만 함.
- 망전忘筌: 어떤 목적을 달성한 뒤에 원래의 수단을 잊어버림을 비유하는 말.

·傍 곁 방 ·觀 볼 관 ·審 살필 심 ·局 판 국[碁局] ·迷 헤맬 미 ·魚 물고기 어 ·筌 통발 전
·兎 토끼 토 ·蹄 올무 제 ·投 던질 투 ·石 돌 석 ·擲 던질 척 ·餠 떡 병 ·回 돌아올 회

仰天吐唾　拒虎進狼　左右方圓

151 仰天吐唾요
逆風揚塵이라

152 前門拒虎한대
後門進狼이라

153 右手畵圓이요
左手畵方이라

畵 그림 화
聿 붓 율 + 田 밭 전
붓[聿]으로 밭두둑[田]의 경계를 그림

직역 및 해설

○ **仰天吐唾**요 **逆風揚塵**이라
하늘을 올려보고 침을 뱉고, 바람을 마주보고 먼지를 턴다.
⇒ 하늘 보고 침 뱉기.
- 자기에게 해害가 돌아올 짓을 하는 것을 비유함.

• 거호진랑拒虎進狼 : 전문거호前門拒虎 후문진랑後門進狼의 줄임말.

○ **前門拒虎**한대 **後門進狼**이라
앞문에서 호랑이를 막았으나, 뒷문에서 이리가 온다. ⇒ 앞문으로 호랑이를 막고 뒷문으로 승냥이를 불러들인다.
- 한쪽의 재앙을 겨우 막아내자 또 다른 재해가 찾아오는 것을 이르는 말.

○ **右手畵圓**이요 **左手畵方**이라
오른손으로 원을 그리고, 왼손으로 네모를 그린다.
- 두 가지의 일을 동시에 달성하기 어려움을 이르는 말.

·吐 토할 토 ·唾 침 타 ·風 바람 풍[微風] ·拒 막을 거 ·虎 범 호 ·後 뒤 후[午後] ·右 오른 우
·畵 그릴 화 ·圓 둥글 원 ·左 왼 좌

晝雀夜鼠　同美相妒　流水不腐　戶樞　不A

154 晝言雀聽이요
夜言鼠聆이라

155 同美相妒요
同業相仇라

156 流水不腐요
戶樞不螻라

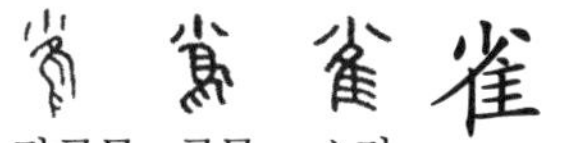
갑골문　금문　소전

작은[小] 새[隹]인 참새

美 아름다울 미
羊 양 양 + 大 큰 대

사람[人]의 머리 위에 마치 양[羊]의 장식을 함

不A : A하지 않다

○ 晝言雀聽이요 夜言鼠聆이라

낮말은 새가 듣고, 밤말은 쥐가 듣는다.

- 아무리 비밀히 한 말이라도 다 알게 된다는 뜻.

留意 夜 밤 야 ↔ 晝 낮 주

○ 同美相妒요 同業相仇라

같은 미인끼리 서로 질투하고, 같은 업종끼리 서로 원수가 된다.

留意 仇 원수 구 ≒ 讎 원수 수

○ 流水不腐요 戶樞不螻라

흐르는 물은 썩지 않고, 문지도리는 좀먹지 않는다.

- 항상 움직이는 물건은 외물에 쉽게 침식侵蝕당하지 않음을 비유.

留意 螻 좀먹을 루 ≠ 婁 끌 루 ≠ 縷 실 루 ≠ 樓 다락 루

직역 및 해설

• 주작야서晝雀夜鼠 : 주어작청晝語雀聽 야어서청夜語鼠聽의 줄임말.

• 호추戶樞 : 문의 지도리.

·晝 낮 주　·雀 참새 작　·鼠 쥐 서　·聆 들을 령　·妒 질투할 투　·仇 원수 구　·腐 썩을 부
·樞 지도리 추　·螻 좀먹을 루

成雷沈舟 孔席墨突

不A : A하지 않다

157 聚蚊成雷요
積羽沈舟라

158 孔席不暖이요
墨突不黔이라

必A : 반드시 A한다
不A : A하지 못하다

159 末大必折이요
尾大不掉라

직역 및 해설

○ 聚蚊成雷요 積羽沈舟라

모깃소리가 모여 우레를 이루고, 깃털이 쌓여 배를 잠기게 한다.

- 힘 없고 미약한 것이라도 많이 모이면 큰 힘을 낼 수 있음.

留意 成 이룰 성 ≠ 城 성 성 ≠ 誠 정성 성

○ 孔席不暖이요 墨突不黔이라

공자孔子의 자리는 따뜻해지지 않고, 묵자墨子의 굴뚝은 검어지지 않는다.

- 세상을 구제하기 위하여 안주할 겨를이 없음.

○ 末大必折이요 尾大不掉라

가지가 크면 반드시 부러지고, 꼬리가 크면 흔들지 못한다.

- 부하 또는 아래 세력의 권한이 커지면 위험이 상사에게 미침.

留意 末 끝 말 ≠ 未 아닐 미　　尾 꼬리 미 ↔ 首 머리 수

·聚 모을 취 ·蚊 모기 문 ·雷 우레 뢰 ·羽 깃 우 ·沈 잠길 침 ·舟 배 주 ·孔 구멍 공[孔孟]
·席 자리 석 ·暖 따뜻할 난 ·突 굴뚝 돌 ·黔 검을 검 ·末 끝 말 ·大 클 대 ·折 꺾을 절
·尾 꼬리 미 ·掉 흔들 도

梨腐栗朽　鷄口牛後　知一不二

160 梨腐予女요
栗朽予婦라

161 寧爲鷄口언정
無爲牛後하라

寧A無B
: 차라리 A할지언정 B하지 말라

162 但知其一이요
不知其二라

但A : 다만 A할 뿐이다
不A : A하지 못하다

직역 및 해설

○ 梨腐予女요 栗朽予婦라

배가 썩으면 딸에게 주고, 밤이 썩으면 며느리에게 준다.

- 며느리보다 딸을 더 아끼고 위한다는 뜻.

留意　子 아들 자 ≠ 予 줄 여　　栗 밤 률 ≠ 粟 조 속

○ 寧爲鷄口언정 無爲牛後하라

차라리 닭의 부리가 될지언정, 소의 꼬리가 되지 말라.

- 계구鷄口 : 작은 단체의 우두머리를 비유적으로 이르는 말.
- 우후牛後 : 남에게 종속된 처지에 있음을 비유하는 말.

○ 但知其一이요 不知其二라

단지 그 하나를 알 뿐, 그 둘을 알지 못한다.

- 사물의 한 측면만 보고 두르 보지 못한다는 뜻.

留意　但 다만 단 ≒ 只 다만 지

·梨 배나무 리　·予 줄 여　·女 여자 녀　·栗 밤 률　·朽 썩을 후　·寧 편안할 녕　·鷄 닭 계
·牛 소 우　·但 다만 단

虎虎人人 喪馬葺廐 饍減言濫

163 談虎虎至요
談人人至라

164 旣喪其馬라야
乃葺厥廐라

旣A 乃B
:이미 A한 뒤에 마침내 B한다

165 饍傳愈減이요
言傳愈濫이라

직역 및 해설

○ 談虎虎至요 談人人至라

호랑이를 말하면 호랑이가 이르고, 사람을 말하면 사람이 이른다.

- 어느 곳에서나 그 자리에 없다고 남을 흉보아서는 안된다는 말.

留意 至 이를 지 ≒ 到 이를 도 ≒ 致 이를 치

○ 旣喪其馬라야 乃葺厥廐라

이미 그 말을 잃은 뒤에야, 마침내 그 마구간을 고친다.

- 일이 이미 잘못된 뒤에는 손을 써도 소용이 없음을 비꼬는 말.

留意 厥 그 궐 ≒ 其 그 기
旣 이미 기 ≠ 慨 슬퍼할 개 ≠ 槪 대개 개 ≠ 漑 물댈 개

○ 饍傳愈減이요 言傳愈濫이라

음식은 전해지면서 더욱 줄어들고, 말은 전해지면서 더욱 넘쳐난다.

- 말을 삼가고 조심해야 함을 이르는 말.

留意 減 = 减 덜 감

·至 이를 지 ·旣 이미 기 ·馬 말 마 ·乃 이에 내 ·葺 기울 즙 ·厥 그 궐 ·廐 마구간 구
·饍 반찬 선 ·傳 전할 전 ·愈 나을 유 ·減 덜 감 ·濫 넘칠 람

166 先 視 爾 褥 하고
乃 展 厥 足 하라

先A乃B : 먼저 A하고 이어 B하다

직역 및 해설

○ 先視爾褥하고 乃展厥足하라

먼저 네 이부자리를 보고, 이어 그 발을 뻗어라.

- 어떤 일을 할 때 그 결과가 어떻게 되리라는 것을 생각하여 미리 살피고 일을 시작하라는 말.

·爾 너 이 ·褥 이부자리 욕 ·展 펼 전 ·足 발 족

推句

시구를 모음

안견安堅, 〈사시팔경도四時八景圖 초동初冬〉, 국립중앙박물관 소장

1. 天高 하늘이 높다

天開眼 地擧頭

天 
갑골문 금문 소전
사람[大]의 머리 위에 존재[一]하는 하늘

167 天 高 日 月 明 이요
地 厚 草 木 生 이라

168 月 出 天 開 眼 이요
山 高 地 擧 頭 라

직역 및 해설

○ 天高日月明이요 地厚草木生이라

하늘이 높으니 해와 달이 밝고, 땅이 두터우니 풀과 나무 자라네.

- 앞 5언言은 관눌管訥의 〈제우장사부춘호거화내부청지처사묘지명후題右長史富春胡去華乃父清之處士墓志銘後〉에 동일한 구절이 보임.

○ 月出天開眼이요 山高地擧頭라 (1 2 3 5 4)

달이 나오니 하늘이 눈을 뜬 〈것 같고〉, 산이 높으니 땅이 머리를 든 〈것 같네〉.

留意 眼 눈 안 ≠ 眠 잠잘 면 擧 들 거 ≠ 譽 기릴 예

- 관눌: 명明나라 때의 사람. 시는 담박청아淡泊清雅함. 저서는 《인규집蚓竅集》이 있음.
- 천개안天開眼: 하늘이 눈을 뜨고 있는 것처럼 보임.

CV18270

·日 날 일[日暮] ·月 달 월[秋月] ·明 밝을 명[明月] ·草 풀 초 ·眼 눈 안 ·擧 들 거 ·頭 머리 두

幾萬里　不能尺　天傾　地卑

169 東西幾萬里오
南北不能尺이라

不能A : A할 수 없다

170 天傾西北邊이요
地卑東南界라

界 경계 계
田 밭 전 + 介 끼일 개
밭[田]과 밭 사이[介]

171 春來梨花白이요
夏至樹葉青이라

직역 및 해설

○ 東西幾萬里오 南北不能尺이라 (南1 北2 不5 能4 尺3)

동서로 몇 만 리인가? 남북으로 잴 수가 없네.

留意 東 동녘 동 ≠ 束 묶을 속 ≠ 柬 가릴 간

○ 天傾西北邊이요 地卑東南界라 (天1 傾5 西2 北3 邊4)

하늘은 서북쪽 가장자리로 기울고, 땅은 동남쪽 경계로 낮아지네.

留意 傾 기울 경 ≠ 頃 이랑 경

○ 春來梨花白이요 夏至樹葉青이라

• 춘래春來 : 봄이 옴.

봄이 오니 배꽃이 희고, 여름에 이르니 나뭇잎 푸르네.

留意 白 흰 백 ≠ 自 스스로 자 ≠ 百 일백 백

·東 동녘 동[東夷]　·西 서녘 서[西戎]　·幾 몇 기[庶幾]　·萬 일만 만[萬古]　·里 마을 리
·南 남녘 남[南蠻]　·北 북녘 북[北狄]　·尺 자 척　·傾 기울 경　·邊 가장자리 변　·卑 낮을 비
·界 지경 계　·春 봄 춘　·葉 잎 엽　·青 푸를 청[青松]

千年鏡 萬古屛 日月門 鴻雁路

發 필 발

癶 등질 발 + 弓 활 궁 + 殳 창 수

활[弓]을 손[殳]으로 '발사'[癶] 하려는 상황을 본뜸

172 秋 涼 黃 菊 發 이요
冬 寒 白 雪 來 라

173 日 月 千 年 鏡 이요
江 山 萬 古 屛 이라

南 
갑골문 금문 소전

남쪽에 달아 두던 악기

174 東 西 日 月 門 이요
南 北 鴻 雁 路 라

직역 및 해설

- 천년千年 : 오랜 세월. = 천세千歲·천재千載·천추千秋.
- 만고萬古 : 아주 오랜 세월. 또는 아주 오랜 세월 동안.
- 방회方回 : 송말원초宋末元初 때의 사람. 저서로는 《속고금고續古今考》·《문선안포사시평文選顔鮑謝詩評》 등이 있음.

○ **秋涼黃菊發**이요 **冬寒白雪來**라

가을이 서늘하니 노란 국화 피어나고, 겨울이 추우니 하얀 눈 내리네.

留意 凉 서늘할 **량** = 涼 서늘할 **량**

○ **日月千年鏡**이요 **江山萬古屛**이라

해와 달은 천 년의 거울이요, 강과 산은 만고의 병풍이라네.

○ **東西日月門**이요 **南北鴻雁路**라

동과 서는 해와 달의 문이요, 남과 북은 기러기의 길이라네.

- 방회方回의 〈선천역음삼십수先天易吟三十首〉에 보임. 뒤 5언은 미상.

·秋 가을 **추** ·涼 서늘할 **량** ·黃 누를 **황**[黃犢] ·菊 국화 **국** ·發 필 **발** ·寒 찰 **한**[天寒]
·千 일천 **천** ·鏡 거울 **경** ·江 강 **강** ·古 옛 **고** ·屛 병풍 **병** ·鴻 기러기 **홍** ·路 길 **로**

滿四澤　奇峯　孤松　籠中鳥　陶淵明

175 春水滿四澤이요
夏雲多奇峯이라

176 秋月揚明輝요
冬嶺秀孤松이라

177 日月籠中鳥요
乾坤水上萍이라

〈도연명陶淵明〉
《만소당죽장화전晩笑堂竹莊畫傳》

輝 빛날 휘
光 빛 광 + 軍 군사 군
군대[軍]가 환하게 불[光]로 밝힘

○ 春水滿四澤이요 夏雲多奇峯이라

봄 물은 사방 연못에 가득하고, 여름 구름은 기이한 봉우리가 많구나.

留意 峯 봉우리 봉 = 峰 봉우리 봉

○ 秋月揚明輝요 冬嶺秀孤松이라

가을 달은 밝은 빛을 밝히고, 겨울 고개엔 외로운 소나무 빼어나네.

- '175 · 176'은 도연명陶淵明의 〈사시四時〉.

○ 日月籠中鳥요 乾坤水上萍이라

해와 달은 새장 속의 새요, 하늘과 땅은 물 위의 부평초라네.

- 두보杜甫의 〈형주송리대부칠장면부광주衡州送李大夫七丈勉赴廣州〉 일부.

·滿 가득찰 만 ·四 넉 사[四勿] ·澤 못 택 ·雲 구름 운[白雲] ·奇 기특할 기 ·峯 봉우리 봉 ·揚 밝힐 양 ·輝 빛날 휘 ·冬 겨울 동 ·嶺 고개 령 ·秀 빼어날 수 ·孤 외로울 고[孤輪月] ·籠 대바구니 롱 ·鳥 새 조 ·乾 하늘 건 ·坤 땅 곤 ·萍 부평초 평

직역 및 해설

- 기봉奇峯: 기이한 모양의 산봉우리.
- 고송孤松: 홀로 자란 소나무.
- 도연명陶淵明: 진晉나라 때의 사람. 전원田園을 노래한 시가 많음. 〈오류선생전五柳先生傳〉·〈도화원기桃花源記〉 등 산문散文으로도 유명. 문집으로는 《도연명집陶淵明集》이 있음.
- 두보杜甫: 당唐나라 때의 시인. 현실 사회를 비평한 시를 주로 지음. 시성詩聖으로 일컬어짐. 문집으로 《두공부집杜工部集》이 있음.

絶纓　A爲B = A作B

178 白雲山上蓋요
明月水中珠라

179 月爲宇宙燭이요
風作山河鼓라

180 月爲無柄扇이요
星作絶纓珠라

鼓 
갑골문　금문　소전
손에 북채를 쥐고[攴]
북[壴]을 두드림

A爲B : A는 B가 된다
A作B : A는 B가 된다
無A : A가 없다

직역 및 해설

○ 白雲山上蓋요 明月水中珠라

흰 구름은 산 위의 양산陽傘이요, 밝은 달은 물속의 구슬이라네.

○ 月[1]爲[5]宇[2]宙[3]燭[4]이요 風[1]作[5]山[2]河[3]鼓[4]라

달은 우주의 촛불이 되고, 바람은 산과 강의 북이 된다네.

○ 月爲無柄扇이요 星作絶纓珠라

달은 자루 없는 부채가 되고, 별은 끊어진 갓끈의 구슬이 되네.

留意　無 없을 무 ≒ 亡 없을 무 ≒ 罔 없을 망 ≒ 莫 없을 막

• 절영絶纓 : 갓끈을 자름. 혹은 너그럽게 사람을 대함을 비유하는 말.

·蓋 덮을 개　·宇 집 우　·宙 집 주　·燭 촛불 촉　·河 물 하　·鼓 북 고　·柄 자루 병　·扇 부채 선
·星 별 성[五星]　·絶 끊을 절　·纓 갓끈 영

千層峰　百尺橋　秋葉　天地人　君師父

181 雲作千層峰이요
虹爲百尺橋라

182 秋葉霜前落이요
春花雨後紅이라

183 天地人三才요
君師父一體라

A作B : A는 B가 되다
A爲B : A는 B가 되다

직역 및 해설

○ 雲作千層峰이요 虹爲百尺橋라
구름은 천 겹의 봉우리를 만들고, 무지개는 백 척의 다리가 되네.

○ 秋葉霜前落이요 春花雨後紅이라
가을 잎은 서리 전에 떨어지고, 봄꽃은 비 개인 뒤 붉어지네.
留意 落 떨어질 락 ≒ 零 떨어질 령 ≒ 墜 떨어질 추 ≒ 墮 떨어질 타

○ 天地人三才요 君師父一體라
하늘과 땅과 사람은 삼재三才요, 임금과 스승과 부모는 한 몸이네.
留意 體 = 体 몸 체　　才 재주 재 ≠ 寸 마디 촌

• 추엽秋葉 : 가을의 나뭇잎. 또는 낙엽.
• 삼재三才 : 하늘[天]·땅[地]·사람[人]을 가리킴.

·層 층계 층 ·峰 봉우리 봉 ·虹 무지개 홍 ·橋 다리 교 ·霜 서리 상 [霜鬢] ·落 떨어질 락 [花落]
·雨 비 우 [細雨] ·紅 붉을 홍 ·才 재주 재

二姓合　一氣　父慈子孝　兄友弟恭

A爲B : A는 B가 되다
A似B : A는 B와 같다

184 天地爲父母요
日月似兄弟라

185 夫婦二姓合이요
兄弟一氣連이라

當A : 마땅히 A하여야 한다
亦 : 또 ; 또한

186 父慈子當孝요
兄友弟亦恭이라

직역 및 해설

- 일기一氣 : 한 기운. 형제를 비유하는 말.
- 부자자효父慈子孝 : 부모는 자식을 사랑하고, 자식은 부모에게 효도함.

1 2 5 3 4　1 2 5 3 4
○ 天地爲父母요 日月似兄弟라
하늘과 땅은 부모가 되고, 해와 달은 형제와 같다네.

○ 夫婦二姓合이요 兄弟一氣連이라
부부는 두 성씨의 결합이요, 형제는 한 기운이 이어졌다네.

○ 父慈子當孝요 兄友弟亦恭이라
부모는 사랑하고 자식은 마땅히 효도하며, 형은 우애하고 아우 또한 공손히 하네.

留意　孝 효도 효 ≠ 考 생각할 고 ≠ 老 늙을 로

千年壽　萬世榮　萬世　道泰

187 父母千年壽요
子孫萬世榮이라

188 愛君希道泰요
憂國願年豊이라

189 妻賢夫禍少요
子孝父心寬이라

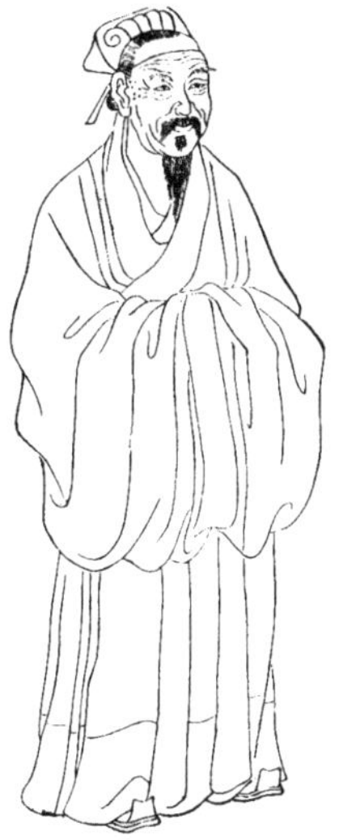

〈주희朱熹〉
《만소당죽장화전》

孫 손자 손

子 아들 자 + 系 이을 계

마치 실타래[系]처럼 끊임없이 이어지는 자식[子]

○ 父母千年壽요 子孫萬世榮이라

부모는 천 년을 장수長壽하고, 자손은 만 대에 영화롭네.

留意 榮 영화 영 ≠ 營 경영할 영 ≠ 勞 힘쓸 로

○ 愛君希道泰요 憂國願年豊이라 (讀順: 愛2 君1 希5 道3 泰4)

임금을 사랑하니 〈나라의〉 도道 태평하길 바라고, 나라를 근심하니 한 해 〈농사의〉 풍년을 기원하네.

- 주희朱熹의 〈창주정사련滄州精舍聯〉 일부.

留意 豊 = 豐 풍년 풍

○ 妻賢夫禍少요 子孝父心寬이라

아내가 어질면 남편의 재앙이 적고, 자식이 효도하면 부모의 마음이 너그럽네.

留意 禍 재앙 화 ≒ 殃 재앙 앙 ≒ 厄 재앙 액

직역 및 해설

- 만세萬世: 아주 오랜 세대. = 만대萬代.
- 도태道泰: 나라의 도道가 태평함. 나라가 잘 다스려짐.
- 주희朱熹: 송宋나라 때의 사람. 호는 회암晦菴·자양紫陽 등 다수. 정호程顥·정이程頤의 학문을 계승, 주돈이朱敦頤·장재張載 등의 학설을 참고하여 이학理學을 집대성.

·壽 목숨 수[壽夭] ·孫 손자 손 ·榮 영화 영 ·希 바랄 희 ·泰 편안할 태 ·願 원할 원 ·豊 풍년 풍
·妻 아내 처 ·少 적을 소 ·心 마음 심 ·寬 너그러울 관

雙親　家和萬事成　清宵　白日　杜甫

〈두보杜甫〉
《만소당죽장화전》

家 집 가
宀 집 면 + 豕 돼지 시
집[宀] 안에 돼지[豕]를 기름

190 子孝雙親樂이요
家和萬事成이라

191 思家清宵立이요
憶弟白日眠이라

192 家貧思賢妻요
國亂思良相이라

직역 및 해설

- 쌍친雙親 : 부모를 이르는 말.
- 청소清宵 : 맑고 고요한 밤.
- 백일白日 : 대낮.
- 두보杜甫 : p.77 참조.
- 사마천司馬遷 : 전한前漢 때의 사람. 태사령太史令을 지냄. 이능李陵을 변론하다 무제武帝의 미움을 받고 궁형宮刑에 처해진 후 《사기史記》 130권을 지어 역사歷史의 전범을 세움.

○ 子孝雙親樂이요 家和萬事成이라

자식이 효도하면 양친이 즐겁고, 집이 화목하면 모든 일 이루어지네.

留意 雙 = 双 쌍 쌍

○ 思家清宵立이요 憶弟白日眠이라

집 생각에 맑은 밤에 서성이고, 아우 생각에 대낮에 잠을 이루네.

- 두보杜甫의 〈한별恨別〉에 같은 구절이 있음.

○ 家貧思賢妻요 國亂思良相이라

집이 가난하면 어진 아내를 생각하고, 나라가 어지러우면 어진 재상을 생각하네.

- 사마천司馬遷 《사기史記》의 내용이며, 명明 이동양李東陽의 〈복상편卜相篇〉에 같은 구절이 있음.

留意 亂 어지러울 란 ≒ 紛 어지러울 분

·雙 쌍 쌍　·清 맑을 청　·宵 밤 소　·憶 생각할 억　·眠 잘 면　·亂 어지러울 란

君子節　丈夫心　人心變 山色同　萬古主 百年賓

193 綠竹君子節이요
青松丈夫心이라

194 人心朝夕變이나
山色古今同이라

195 江山萬古主요
人物百年賓이라

變 변할 변
䜌 어지러울 련 + 夊 칠 복
손으로 쳐서[夊]
어지럽힘[䜌]

○ 綠竹君子節이요 青松丈夫心이라

푸른 대나무는 군자君子의 절개節槪요, 푸른 소나무[青松]는 장부丈夫의 마음이라.

留意　綠 푸를 록 ≠ 緣 인연 연

○ 人心朝夕變이나 山色古今同이라

사람의 마음[人心]은 아침저녁[朝夕]으로 변하나, 산빛[山色]은 예나 지금[古今]이나 마찬가지네.

- 왕질王銍의 〈우묘禹廟 기일其一〉에 같은 구절이 있음.

○ 江山萬古主요 人物百年賓이라

강과 산은 만고萬古의 주인이요, 사람은 백 년의 손님이네.

留意　賓 손님 빈 ≒ 客 손님 객

직역 및 해설

- 군자君子 : 덕망이 높고 인품이 뛰어난 사람.
- 장부丈夫 : 곧 대장부大丈夫. 지기志氣와 절조節操가 굳세고 실천력이 있는 남자.
- 왕질王銍 : 송宋나라 때의 사람. 송대宋代의 고사故事에 정통하였고, 《칠조국사七祖國史》를 저술함.

·綠 푸를 록　·竹 대 죽　·丈 어른 장　·朝 아침 조　·夕 저녁 석　·變 변할 변　·色 빛 색
·今 이제 금　·主 주인 주

世事琴三尺　生涯酒一盃　太古　乾坤

김정희金正喜, 《산정일장山靜日長》
국립중앙박물관 소장

196 世事琴三尺이요
生涯酒一盃라

197 山靜似太古요
日長如少年이라

198 靜裏乾坤大요
閒中日月長이라

A似B : A는 B와 같다
A如B : A는 B와 같다

직역 및 해설

- 생애生涯 : 살아 있는 한평생 동안.
- 태고太古 : 아주 먼 옛날.
- 당경唐庚 : 북송北宋 때의 문인. 저서로는 《당자서집唐子西集》 등이 있음.
- 건곤乾坤 : 하늘과 땅.

○ 世事琴三尺이요 生涯酒一盃라

세상일[世事] 석 자 거문고를 연주하여 〈잊고〉, 생애生涯는 한 잔 술을 마셔 〈달래네〉.

- 송宋 소훈蕭塤의 〈제왕수운시권題汪水云詩卷〉 구절과 유사.

留意　涯 물가 애 ≠ 崖 벼랑 애 ≠ 厓 언덕 애

○ 山靜似太古요 日長如少年이라

산이 고요하니 태고太古와 같고, 해는 길어져 소년少年과 같다.

- 당경唐庚의 〈취면醉眠〉 일부.

○ 靜裏乾坤大요 閒中日月長이라

고요함 속에서 하늘과 땅이 커지고, 한가한 가운데 해와 달이 자란다.

留意　裏 = 裡 속 리

·琴 거문고 금　·涯 물가 애　·酒 술 주　·盃 잔 배　·靜 고요할 정　·太 클 태　·閒 한가할 한

2. 耕田 밭을 갈다

埋春色　斗月光　江上月　雪中梅

199 耕 田 埋 春 色 이요
汲 水 斗 月 光 이라

200 西 亭 江 上 月 이요
東 閣 雪 中 梅 라

耕 밭갈 경
耒 쟁기 뢰 + 井 우물 정
쟁기[耒]로 갈아서
반듯[井]하게 함

○ 耕田埋春色이요 汲水斗月光이라
밭을 갈아[耕田] 봄빛을 파묻고, 물을 길어[汲水] 달빛을 담아내네.

○ 西亭江上月이요 東閣雪中梅라
서쪽 정자엔 강 위로 달이 뜨고, 동쪽 누각엔 눈 속에 매화 피네.

留意 每 매양 매 ≠ 海 바다 해 ≠ 梅 매화 매
≠ 敏 민첩할 민 ≠ 悔 뉘우칠 회 ≠ 晦 그믐 회

직역 및 해설

• 춘색春色 : 봄빛. 봄철의 경치.

CV18287

·耕 밭갈 경　·田 밭 전　·埋 묻을 매　·汲 물 길을 급　·斗 되질할 두　·光 빛 광
·亭 정자 정　·閣 집 각　·梅 매화 매

白酒紅人面　黃金黑吏心　扶杖

201 飮酒人顔赤이요
食草馬口靑이라

202 白酒紅人面이요
黃金黑吏心이라

203 老人扶杖去하고
小兒騎竹來라

去 
갑골문　금문　소전
입구[口]의 밖으로 나가는 사람[大]

직역 및 해설

○ 飮酒人顔赤이요 食草馬口靑이라

술을 마시니 사람 얼굴 붉어지고, 풀을 먹으니 말의 입이 푸르러지네.

留意 赤 붉을 적 ≒ 朱 붉을 주 ≒ 紅 붉을 홍 ≒ 丹 붉을 단
赤 붉을 적 ≠ 赫 빛날 혁 ≠ 爀 붉을 혁

○ 白酒紅人面이요 黃金黑吏心이라

흰 술은 사람의 얼굴을 붉게 하고, 노란 금은 아전의 마음을 검게 하네.
- 〈청장관전서靑莊館全書〉에 원元나라 사신使臣으로만 기록됨.

留意 酉 닭 유 ≠ 酒 술 주 ≠ 配 짝 배 ≠ 酌 술 부을 작

• 청장관전서靑莊館全書 : 조선 정조正祖 때 이덕무李德懋의 문집.

• 부장扶杖 : 지팡이를 짚음.

1 2 4 3 5
○ 老人扶杖去하고 小兒騎竹來라

늙은이는 지팡이를 짚고 멀어져 가고, 어린아이는 대나무를 타고 다가오네.

·顔 얼굴 안　·金 쇠 금　·吏 벼슬아치 리　·杖 지팡이 장　·去 갈 거　·小 작을 소　·兒 아이 아
·騎 말 탈 기

男奴女婢 延客蓋 讀書燈

신윤복申潤福 등等,
《산수인물영모화첩山水人物翎毛畫帖》,
국립중앙박물관 소장

204 男 奴 負 薪 去하고
女 婢 汲 水 來라

205 洗 硯 魚 呑 墨이요
煮 茶 鶴 避 煙이라

206 松 作 延 客 蓋요
月 爲 讀 書 燈이라

A作B : A는 B가 되다
A爲B : A는 B가 되다

○ 男奴負薪去하고 女婢汲水來라

사내 종[男奴]은 섶을 지고 멀어져 가고, 여자 종[女婢]은 물을 길어[汲水] 온다네.

留意 奴 종 노 ≒ 婢 종 비 ≒ 僕 종 복

○ 洗硯魚呑墨이요 煮茶鶴避煙이라

벼루를 씻으니 물고기가 먹을 삼키고, 차를 끓이니 학이 연기를 피하네.

留意 煮 삶을 자 ≒ 烹 삶을 팽　　湯 끓일 탕 ≒ 沸 끓을 비

○ 松作延客蓋요 月爲讀書燈이라

소나무는 손님을 부르는 일산日傘이 되고, 달은 글 읽는 등불이 되네.

留意 登 오를 등 ≠ 燈 등잔 등 ≠ 證 증거 증

직역 및 해설

• 남노여비男奴女婢 : 남자 종과 여자 종. 남자 종은 노奴, 여자 종은 비婢를 사용함.

• 연객延客 : 손님을 인도함.

• 일산日傘 : 햇볕을 가리기 위하여 세우는 큰 양산.

·男 사내 남 ·奴 종 노 ·負 질 부 ·薪 섶 신 ·婢 여종 비 ·洗 씻을 세 ·硯 벼루 연 ·呑 삼킬 탄
·煮 삶을 자 ·茶 차 다 ·鶴 학 학 ·避 피할 피 ·煙 연기 연 ·延 끌 연 ·燈 등불 등

雲間鏡　竹裡琴　掬水　弄花

207 花落憐不掃요
月明愛無眠이라

208 月作雲間鏡이요
風爲竹裡琴이라

209 掬水月在手요
弄花香滿衣라

A作B : A는 B가 되다
A爲B : A는 B가 되다

직역 및 해설

○ 花落憐不掃요 月明愛無眠이라

꽃 떨어지니 아까워 쓸지 못하고, 달 밝으니 사랑스러워 잠잘 수 없네.

留意 明 밝을 명 ≒ 朗 밝을 랑 ≒ 哲 밝을 철 ≒ 喆 밝을 철

○ 月作雲間鏡이요 風爲竹裡琴이라

달은 구름 사이의 거울이 되고, 바람은 대나무 속의 거문고가 되네.

○ 掬水月在手요 弄花香滿衣라

물을 움켜쥐니 달이 손 안에 있고, 꽃을 희롱戲弄하니 향기香氣가 옷에 가득하네.

- 우량사于良史의 〈춘산야월春山夜月〉 일부.

留意 弄 희롱할 롱 ≒ 戲 희롱할 희 ≒ 玩 희롱할 완

- 국수掬水 : 두 손을 모아 물을 뜸. 또는 그 물.
- 농화弄花 : 꽃을 감상함. 또는 화초를 가꿈.
- 우량사于良史 : 당唐나라 때의 문인. 시에 능함.

·憐 불쌍히 여길 련 ·間 사이 간 ·裡 속 리 ·掬 움킬 국 ·弄 희롱할 롱 ·香 향기 향

五夜 歲去 秋來 雨山沐 風草醉

210 五夜燈前晝요
六月亭下秋라

211 歲去人頭白이요
秋來樹葉黃이라

212 雨後山如沐이요
風前草似醉라

夜 밤 야
大 큰 대 + 月 달 월
길을 가는 사람[大]의 사이로 달[月]이 보임

A如B : A가 B와 같다
A似B : A는 B와 같다

○ 五夜燈前晝요 六月亭下秋라
밤새 등불 앞은 대낮이오, 유월에도 정자 아래는 가을이라네.

○ 歲去人頭白이요 秋來樹葉黃이라
세월 가니 사람 머리 하얘지고, 가을 오니 나뭇잎이 노래지네.
- 노륜盧綸의 〈동이익상추同李益傷秋〉 일부.

留意 頭 머리 두 ≒ 首 머리 수 ≒ 頁 머리 혈

○ 雨後山如沐이요 風前草似醉라
비 내린 뒤의 산은 목욕한 것 같고, 바람 앞의 풀은 술 취한 것 같네.

留意 沐 머리감을 목 ≒ 浴 목욕할 욕 ≒ 洗 씻을 세

직역 및 해설

- 오야五夜 : 밤새. 하룻밤을 다섯으로 나눈 이름.
- 수엽樹葉 : 나뭇잎.
- 노륜盧綸 : 당나라 때의 사람. 시에 능함.

·六 여섯 륙 ·下 아래 하 ·歲 해 세[歲寒] ·沐 머리 감을 목 ·醉 취할 취

興在一杯中 春意 人情有淺深 山深然後寺

〈백거이白居易〉
《만소당죽장화전》

(自)A以B : A로부터 B로
A然後B : A한 후에 B하다

213 人分千里外라도
興在一杯中이라

214 春意無分別이나
人情有淺深이라

215 花落以前春이요
山深然後寺라

직역 및 해설

- 이백李白 : 당唐나라 때의 시인. 두보杜甫와 함께 이두李杜로 병칭됨. 〈촉도난蜀道難〉·〈행로난行路難〉 등 수많은 작품을 남김. 문집으로 《이태백집李太白集》이 있음.
- 춘의春意 : 봄 기운. 봄의 화창한 기상.
- 천심淺深 : 얕음과 깊음. 깊이.
- 백거이白居易 : 당唐나라 때의 시인. 원진元稹과 함께 원백元白으로, 유우석劉禹錫과 함께 유백劉白으로 불림. 문집으로는 《백씨장경집白氏長慶集》이 있음.

○ 人分千里外라도 興在一杯中이라

사람은 천 리 밖에 떨어져도, 흥은 한 잔 속에 있네.

- 이백李白의 〈강하별송지제江夏別宋之悌〉 일부.

留意 興 일어날 흥 ≠ 與 더불 여 ≠ 輿 수레 여

興 = 臼 절구 구 + 同 함께 동 + 廾 두 손 맞잡을 공

: 사람이 손[廾]에 손을 맞잡고[臼] 일어남.

○ 春意無分別이나 人情有淺深이라

봄 뜻[春意]은 차별差別이 없어도, 사람 정[人情]은 얕고 깊음[淺深]이 있다네.

- 백거이白居易의 〈서성대화억충주동파신화수인기제동루西省對花憶忠州東坡新花樹因寄題東樓〉 일부.

留意 淺 얕을 천 ≠ 賤 천할 천 ≠ 踐 밟을 천 ≠ 棧 잔도 잔

○ 花落以前春이요 山深然後寺라

꽃 떨어지기 전이 봄이요, 산이 깊어진 뒤에 절이 있다네.

留意 然 그럴 연 ≠ 烈 매울 렬 ≠ 熱 더울 열 ≠ 熟 익을 숙

·意 뜻 의 ·情 뜻 정 ·淺 얕을 천 ·寺 절 사

山外山　路中路　日暮　天寒　白屋

216 山外山不盡이요
路中路無窮이라

217 日暮蒼山遠이요
天寒白屋貧이라

218 小園鶯歌歇이요
長門蝶舞多라

路 길 로
足 발 족 + 各 각각 각
발[足]이 각각[各] 지나감

貧 가난할 빈
分 나눌 분 + 貝 조개 패
돈[貝]을 나누면[分] 가난해짐

○ 山外山不盡이요 路中路無窮이라

산 밖에 산이 다하지 않고[不盡], 길 속에 길이 다하지 않네[無窮].

○ 日暮蒼山遠이요 天寒白屋貧이라

해 저무니 푸른 산이 멀리 보이고, 날씨 차가우니 초가집 가난하네.

– 유장경劉長卿의 〈봉설숙부용산逢雪宿芙蓉山〉 일부.

留意 蒼 푸를 창 ≒ 靑 푸를 청 ≒ 綠 푸를 록 ≒ 碧 푸를 벽
暮 저물 모 ≠ 莫 없을 막 ≠ 墓 무덤 묘 ≠ 幕 장막 막
≠ 募 모을 모 ≠ 慕 사모할 모 ≠ 摹 베낄 모

○ 小園鶯歌歇이요 長門蝶舞多라

작은 동산엔 꾀꼬리 노랫소리 그치고, 큰 문엔 나비 춤 많아지네.

– 당唐 영호초令狐楚의 〈사군은思君恩〉 일부.

직역 및 해설

- 일모日暮: 해가 저묾. 해질녘.
- 천한天寒: 날씨가 추움. 또는 추운 날씨.
- 백옥白屋: 초라한 초가집.
- 유장경劉長卿: 당唐나라 때의 사람. 오언시五言詩에 뛰어남.

·暮 저물 모　·蒼 푸를 창　·屋 집 옥　·園 동산 원　·鶯 꾀꼬리 앵　·歌 노래 가　·歇 쉴 헐
·蝶 나비 접　·舞 춤출 무

燈 등잔 등
火 불 화 + 登 오를 등
불[火]을 높은 곳에 올림[登]

鷄 
갑골문 금문 소전
발음을 결정한 奚(어찌 해)와 뜻을 결정한 鳥(새 조)가 합쳐진 글자

219 風 窓 燈 易(이) 滅 이요
月 屋 夢 難 成 이라

220 日 暮 鷄 登 塒 요
天 寒 鳥 入 簷 이라

221 野 曠 天 低 樹 요
江 淸 月 近 人 이라

직역 및 해설

- 월옥月屋 : 달이 비추는 집.
- 천한天寒 : p.91 참조.
- 두순학杜荀鶴 : 당말唐末 때의 사람. '두순학체杜荀鶴體'로 유명함. 저서로는 《당풍집唐風集》이 있음.
- 맹호연孟浩然 : 당唐나라 때의 시인. 오언고시五言古詩에 뛰어났으며, 문집으로는 《맹호연집孟浩然集》이 있음.

○ **風窓燈易滅**이요 **月屋夢難成**이라

바람 부는 창가엔 등불 쉬이 꺼지고, 달 밝은 집에선 꿈 어렵사리 이루네.

留意 家 집 가 ≒ 室 집 실 ≒ 堂 집 당 ≒ 宅 집 택 ≒ 屋 집 옥 ≒ 宮 집 궁 ≒ 宇 집 우 ≒ 宙 집 주

○ **日暮鷄登塒**요 **天寒鳥入簷**이라

날이 저무니 닭은 횃대에 오르고, 하늘이 차가우니 새가 처마로 들어가네.

- '219 · 220'은 두순학杜荀鶴의 〈여중와병旅中臥病〉 축약.

○ **野曠天低樹**요 **江淸月近人**이라

들이 넓어 하늘이 나무까지 낮아지고, 강물이 맑아 달이 사람에게 가까워지네.

- 맹호연孟浩然의 〈숙건덕강宿建德江〉 일부.

·窓 창 창 ·滅 멸할 멸 [寂滅] ·夢 꿈 몽 ·塒 횃대 시 ·簷 처마 첨 ·野 들 야 ·曠 빌 광 ·低 낮을 저

風驅　月送　細雨　微風　花笑　鳥啼

222 風驅群飛雁이요
月送獨去舟라

223 細雨池中看이요
微風木末知라

224 花笑聲未聽이요
鳥啼淚難看이라

看 볼 간
手 손 수 + 目 눈 목
눈[目] 위에 손[手]으로 해를 가리고 봄

未A : 아직 A하지 않다

○ 風驅群飛雁이요 月送獨去舟라

바람은 떼 지어 나는 기러기를 몰아주고, 달은 외로이 떠가는 배를 전송하네.

- 박인범朴仁範의 〈강행정장준수재江行呈張峻秀才〉와 유사.

留意 蜀 나라이름 촉 ≠ 濁 흐릴 탁 ≠ 獨 홀로 독 ≠ 觸 닿을 촉

○ 細雨池中看이요 微風木末知라

가랑비[細雨]는 연못 가운데서 보이고, 약한 바람[微風]은 나무 끝에서 안다네.

留意 纖 가늘 섬 ≒ 細 가늘 세

○ 花笑聲未聽이요 鳥啼淚難看이라

꽃은 웃어도 소리가 들리지 않고, 새는 울어도 눈물은 보기 어렵네.

留意 啼 울 제 ≒ 鳴 울 명 ≒ 哭 울 곡 ≒ 泣 울 읍

직역 및 해설

- 군비群飛 : 여럿이 한꺼번에 낢. 떼지어 낢.
- 박인범朴仁範 : 신라新羅 때의 학자. 당唐나라 빈공과賓貢科에 급제. 시문詩文에 뛰어남.
- 세우細雨 : 가랑비.

·驅 몰 구 ·群 무리 군 ·飛 날 비 ·送 보낼 송 ·獨 홀로 독 ·細 가늘 세 ·池 못 지 ·看 볼 간
·微 작을 미 ·未 아닐 미 ·啼 울 제 ·淚 눈물 루

千點雪　一片金　僧敲月下門

雪 눈 설
雨 비 우 + ⺕(彗의 변형자)
비[雨]처럼 내리면 빗자루[⺕는 彗의 생략형]로 쓸어냄

225 白鷺千點雪이요
黃鶯一片金이라

226 桃李千機錦이요
江山一畫屛이라

227 鳥宿池邊樹요
僧敲月下門이라

직역 및 해설

• 황앵黃鶯 : 꾀꼬리.
• 일편一片 : 한 조각.

○ 白鷺千點雪이요 黃鶯一片金이라

흰 해오라기는 수천 송이 눈이요, 노란 꾀꼬리는 한 조각의 금덩이네.

留意 黑 검을 흑 ≠ 墨 먹 묵 ≠ 點 점 점 ≠ 默 잠잠할 묵

○ 桃李千機錦이요 江山一畫屛이라

복숭아꽃 오얏꽃은 천 개 베틀의 비단이요, 강과 산은 한 폭 그림의 병풍이네.

留意 李 오얏 리 ≠ 季 철 계 ≠ 委 맡길 위 ≠ 秀 빼어날 수

○ 鳥宿池邊樹요 僧敲月下門이라

새는 연못가 나무에서 잠들고, 승려는 달빛 아래에 문을 두드리네.

– 당唐 가도賈島의 〈제이응유거題李凝幽居〉 일부, '퇴고推敲'라는 성어의 유래.

留意 敲 두드릴 고 ≒ 叩 두드릴 고 ≒ 鼓 두드릴 고

·鷺 해오라기 로 ·點 점 점[點點雪] ·片 조각 편[片片金] ·桃 복숭아 도 ·李 오얏 리 ·機 틀 기
·錦 비단 금 ·宿 잘 숙 ·僧 중 승 ·敲 두드릴 고

波底月　水中天　芳草　連A 共B = 與A 雙B

228 棹 穿 波 底 月 이요
船 壓 水 中 天 이라

229 高 山 白 雲 起 요
平 原 芳 草 綠 이라

230 水 連 天 共 碧 이요
風 與 月 雙 淸 이라

起 일어날 기
走 달릴 주 + 己 몸 기
달리기[走] 위해서 몸[己]을 일으킴

共
갑골문　금문　소전
어떠한 물건[口]을 두 손[廾]으로 함께 들고 있는 모습

連A共B : A와 함께 B하다
與A雙B : A와 함께 B하다

직역 및 해설

○ 棹穿波底月이요 船壓水中天이라

노는 물결 아래 달을 뚫고, 배는 물속의 하늘을 누르네.

– 당唐 가도賈島의 〈과해련구過海聯句〉, '232'에 대한 화답시和答詩.

留意 丹 붉을 단 ≠ 舟 배 주 ≠ 般 일반 반 ≠ 船 배 선 ≠ 盤 소반 반

○ 高山白雲起요 平原芳草綠이라

높은 산에 흰 구름 피어나고, 평평한 들에 향기로운 풀 푸르네.

• 방초芳草 : 향초. 향기롭고 꽃다운 풀.

○ 水[1] 連[3] 天[2] 共[4] 碧[5]이요 風[1] 與[3] 月[2] 雙[4] 淸[5]이라

물은 하늘과 맞닿아 함께 푸르고, 바람은 달과 함께 쌍으로 맑네.

留意 靑 푸를 청 ≠ 淸 맑을 청 ≠ 晴 갤 청 ≠ 請 청할 청 ≠ 精 정할 정 ≠ 情 뜻 정

·棹 노 도　·穿 뚫을 천　·波 물결 파　·底 밑 저　·船 배 선　·壓 누를 압　·平 평평할 평
·原 근원 원　·芳 꽃다울 방　·共 한가지 공　·碧 푸를 벽

3. 山影 산 그림자

掃還生　浮還沒　A還B = A復B

不A : A하지 않다

光 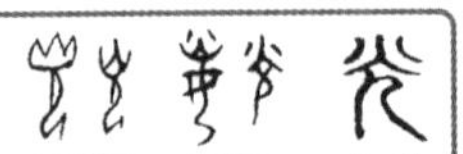
갑골문 금문 소전
사람[儿]이 환한 불빛[光]을 들고 있는 모습

A還B : A했다 다시 B하다
A復B : A했다 다시 B하다

231 山 影 推 不 出이요
月 光 掃 還 生이라

232 水 鳥 浮 還 沒이요
山 雲 斷 復(부) 連이라

직역 및 해설

- 산영山影 : 산 그림자.
- 최치원崔致遠 : 신라新羅 때의 학자. 당唐나라 빈공과賓貢科에 급제함. 저서로는 《계원필경桂苑筆耕》 등이 있음.

○ 山影推不出이요 月光掃還生이라
산 그림자는 밀어도 밀려나지 않고, 달빛은 쓸어도 다시 생겨나네.

○ 水鳥浮還沒이요 山雲斷復連이라
물새는 떴다가 도로 잠기고, 산 구름은 끊겼다 다시 이어지네.
- 최치원崔致遠의 시로 전해옴.

留意 還 돌아올 환 ≠ 遠 멀 원 ≠ 近 가까울 근 ≠ 連 잇닿을 련

CV18303

·影 그림자 영　·推 밀 추　·還 돌아올 환　·浮 뜰 부　·沒 빠질 몰　·斷 끊을 단
·復 다시 부

233 天 地 藏 萬 物 이요
江 河 束 千 山 이라

234 天 長 去 無 執 이요
花 老 蝶 不 來 라

235 初 月 將 軍 弓 이요
流 星 壯 士 矢 라

無A : A하지 못하다
不A : A하지 않다

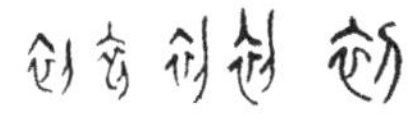 初
갑골문 금문 소전

옷감[衤]을 칼[刀]로 재단하여 막 옷을 만든다는 의미

직역 및 해설

○ 天地藏萬物이요 江河束千山이라

천지는 만물을 보관하고, 강들은 많은 산을 묶고 있네.

留意 干 방패 간 ≠ 于 어조사 우

○ 天長去無執이요 花老蝶不來라

하늘은 길어서 가도 잡을 수 없고, 꽃이 늙으니[지니] 나비가 오지 않네.

⇒ 천장엔 거미집, 화로 곁 불내(냄새).

○ 初月將軍弓이요 流星壯士矢라

초승달은 장군의 활이요, 유성流星은 장사의 화살이네.

留意 壯 장할 장 ≠ 狀 문서 장 ≠ 牀 평상 상 ≠ 將 장수 장

- 초월初月 : 초승달.
- 유성流星 : 별동별.
- 장사壯士 : 건장하고 힘이 센 사람.

·藏 감출 장 ·束 묶을 속 ·執 잡을 집 ·初 처음 초 ·將 장수 장 ·軍 군사 군 ·弓 활 궁
·壯 장할 장 ·矢 화살 시

掃地黃金出　開門萬福來

掃 쓸 소
扌 손 수 + 帚 빗자루 추
손[扌]에 빗자루[帚]를 쥠

236 掃 地 黃 金 出 이요
開 門 萬 福 來 라

237 鳥 逐 花 間 蝶 이요
鷄 爭 草 中 蟲 이라

238 鳥 喧 蛇 登 樹 요
犬 吠 客 到 門 이라

犬 
갑골문 금문 소전
개의 모양

직역 및 해설

○ **掃地黃金出**이요 **開門萬福來**라

땅을 쓰니 황금이 나오고, 문을 여니 만복이 온다네.

留意 **門** 문 문 ≠ **問** 물을 문 ≠ **間** 사이 간
≠ **聞** 들을 문 ≠ **開** 열 개 ≠ **閉** 닫을 폐

○ **鳥逐花間蝶**이요 **鷄爭草中蟲**이라

새는 꽃 사이의 나비를 쫓고, 닭은 풀 속의 벌레를 다투네.

○ **鳥喧蛇登樹**요 **犬吠客到門**이라

새가 떠들썩한 것은 뱀이 나무에 올라서요, 개 짖어댐은 손님이 문에 이르러서네.

留意 **吠** 짖을 폐 ≠ **吹** 불 취 ≠ **吸** 숨들이 쉴 흡 ≠ **喧** 지껄일 훤

·逐 쫓을 축 ·爭 다툴 쟁 ·蟲 벌레 충 ·喧 지껄일 훤 ·蛇 뱀 사 ·犬 개 견 ·吠 짖을 폐
·到 이를 도

撐天　割地

239 **高峯撐天立**이요
長江割地去라

240 **碧海黃龍宅**이요
靑松白鶴樓라

241 **月到梧桐上**이요
風來楊柳邊이라

高
갑골문　금문　소전
높은 건물의 모양

碧 푸를 벽
玉 옥 옥 + 白 흰 백 + 石 돌 석
희[白]면서 푸른빛을 띠는 옥[玉] 돌[石]을 이름

○ 高峯撐天立이요 長江割地去라

높은 봉우리는 하늘을 버티고 서있고, 긴 강은 땅을 가르며[割地] 흘러가네.

留意 割 벨 할 ≒ 斬 벨 참 ≒ 誅 벨 주 ≒ 刈 벨 예

○ 碧海黃龍宅이요 靑松白鶴樓라

푸른 바다는 누런 용의 집이요, 푸른 소나무는 흰 학의 다락이네.

○ 月(1)到(5)梧(2)桐(3)上(4)이요 風來楊柳邊이라

달은 오동나무 위에 이르고, 바람은 버드나무 가로 불어오네.

留意 楊 버들 양 ≠ 揚 날릴 양 ≠ 陽 볕 양 ≠ 場 마당 장 ≠ 腸 창자 장

직역 및 해설

- 탱천撐天 : 하늘을 떠받침.
- 할지割地 : 땅을 가름.

·撐 버틸 탱　·割 벨 할　·海 바다 해[四海]　·龍 용 룡　·宅 집 택　·樓 다락 루　·梧 오동나무 오
·桐 오동나무 동　·楊 버들 양　·柳 버들 류

好鳥 潛魚

242 群 星 陣 碧 天이요
落 葉 戰 秋 山이라

243 潛 魚 躍 淸 波요
好 鳥 鳴 高 枝라

244 雨 後 澗 生 瑟이요
風 前 松 奏 琴이라

好 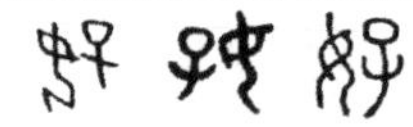
갑골문 금문 소전
아이[子]를 안고 좋아하는 어머니[女]의 모습

鳴 울 명
口 입 구 + 鳥 새 조
새[鳥]가 입[口]을 벌림

직역 및 해설

○ 群星陣碧天이요 落葉戰秋山이라

뭇별들은 푸른 하늘에 진을 치고, 낙엽은 가을 산에서 싸우네.

留意 陣 진칠 진 ≠ 陳 늘어놓을 진

○ 潛魚躍淸波요 好鳥鳴高枝라

깊은 물의 물고기가 맑은 물결에서 뛰놀고, 아름다운 새는 높은 가지에서 운다네.

- 조식曹植의 〈공연시公宴詩〉 일부.

留意 支 지탱할 지 ≠ 技 재주 기 ≠ 枝 가지 지

○ 雨後澗生瑟이요 風前松奏琴이라

비 개인 뒤 계곡물은 비파소리를 내고, 바람 앞의 소나무는 거문고를 연주하네.

- 잠어潛魚 : 깊은 물속에 사는 물고기.
- 호조好鳥 : 아름다운 새.
- 조식曹植 : 삼국시대 위魏 조조曹操의 셋째 아들. 〈칠보시七步詩〉로 유명함. 저서로는 《조자건집曹子建集》이 있음.

·陣 진칠 진 ·戰 싸움 전 ·潛 잠길 잠 ·躍 뛸 약 ·好 좋을 호 ·鳴 울 명 ·澗 산골 물 간 ·瑟 큰 거문고 슬 ·奏 연주할 주

245 馬行千里路요
牛耕百畝田이라

246 馬行駒隨後요
牛耕犢臥原이라

247 狗走梅花落이요
鷄行竹葉成이라

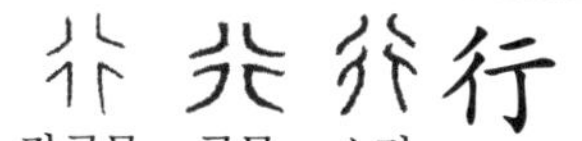
갑골문　금문　소전

사람들이 걸어 다니는
사거리의 모양

매화 꽃,　대나무 잎

직역 및 해설

○ **馬行千里路**요 **牛耕百畝田**이라

말은 천 리의 길을 가고, 소는 백 이랑의 밭을 가네.

留意　**田** 밭 **전** ≠ **由** 말미암을 **유** ≠ **甲** 갑옷 **갑** ≠ **申** 거듭 **신**

○ **馬行駒隨後**요 **牛耕犢臥原**이라

말이 가니 망아지가 뒤를 따르고, 소가 밭을 가니 송아지가 들판에 누워있네.

留意　**犢** 송아지 **독** ≠ **續** 이을 **속** ≠ **讀** 읽을 **독** ≠ **瀆** 도랑 **독**

○ **狗走梅花落**이요 **鷄行竹葉成**이라

개가 달리니 매화 꽃 떨어지고, 닭이 지나가니 대나무 잎 생겨나네.

- 개 발자국이 마치 매화 꽃이 떨어진 모양과 같고, 닭 발자국은 마치 대나무 잎이 떨어진 것과 같음.
- 《어우야담於于野談》에 채수蔡壽와 채무일蔡無逸의 화답시和答詩로 전함.

• 어우야담於于野談 : 어우당 유몽인柳夢寅이 지은 야담집.

• 채수蔡壽 : 조선 중종中宗 때의 문신. 저서로는 《나재집懶齋集》이 있음.

• 채무일蔡無逸 : 조선 명종明宗 때의 문신. 채수의 손자.

·畝 이랑 묘　·駒 망아지 구　·隨 따를 수　·犢 송아지 독　·狗 개 구　·走 달릴 주

孤帆　梨花白雪香　李白

〈이백李白〉
《만소당죽장화전》

248 竹筍黃犢角이요
蕨芽小兒拳이라

249 天淸一雁遠이요
海闊孤帆遲라

250 柳色黃金嫩이요
梨花白雪香이라

직역 및 해설

• 황정견黃庭堅 : 북송北宋 사대가四大家의 한 사람.

• 고범孤帆 : 한 척의 돛단배.

• 이백李白 : p.90 참조.

○ 竹筍黃犢角이요 蕨芽小兒拳이라

대나무 순은 누런 송아지 뿔이요, 고사리 싹은 어린아이 주먹이라네.

- 황정견黃庭堅의 〈관화십오수 觀化十五首 기십일其十一〉 일부.

留意 芽 싹 아 ≠ 笌 죽순 아 ≠ 荀 풀이름 순 ≠ 筍 죽순 순
牛 소 우 ≠ 件 물건 건 ≠ 牧 칠 목 ≠ 物 만물 물 ≠ 犢 송아지 독

○ 天淸一雁遠이요 海闊孤帆遲라

하늘 맑은데 기러기 한마리 멀리 날고, 바다 너른데 외로운 돛단배 더디 가네.

- 이백李白의 〈송장사인지강동送張舍人之江東〉 일부.

○ 柳色黃金嫩이요 梨花白雪香이라

버드나무 빛은 황금처럼 곱고, 배꽃은 흰 눈처럼 향기롭네.

- 이백李白의 〈궁중행락사宮中行樂詞〉 일부.

·角 뿔 각　·蕨 고사리 궐　·芽 싹 아　·拳 주먹 권　·闊 넓을 활　·帆 돛 범　·遲 더딜 지
·嫩 어릴 눈

菖蒲 楊柳 蒼海

251 綠 水 鷗 前 鏡 이요
青 松 鶴 後 屛 이라

252 雨 磨 菖 蒲 刀 요
風 梳 楊 柳 髮 이라

253 鳧 耕 蒼 海 去 하고
鷺 割 青 山 來 라

青 푸를 청
生 날 생 + 丼 우물 정
우물[丼] 곁에 자라는[生] '푸른' 이끼의 빛

〈포蒲〉
《시경명물도해詩經名物圖解》

직역 및 해설

○ 綠水鷗前鏡이요 靑松鶴後屛이라

푸른 물은 갈매기 앞의 거울이요, 푸른 소나무는 학 뒤의 병풍이네.

留意 鷗 갈매기 구 ≠ 驅 몰 구

○ 雨磨菖蒲刀요 風梳楊柳髮이라

비는 창포의 칼을 갈고, 바람은 버드나무 머리털을 빗질하네.

- 빗물이 창포에 부딪히는 모습이 마치 칼을 가는 듯 하고, 바람에 나부끼는 버들가지는 마치 빗질을 하는 머릿결 같음.

留意 麻 삼 마 ≠ 磨 갈 마 ≠ 摩 문지를 마 ≠ 魔 마귀 마

○ 鳧[1]耕[4]蒼[2]海[3]去[5]하고 鷺[1]割[4]青[2]山[3]來[5]라

물오리는 푸른 바다를 갈면서 날아가고, 해오라기는 푸른 산을 가르며 날아오네.

• 창해蒼海 : 넓고 큰 바다.

·鷗 갈매기 구 ·磨 갈 마 ·菖 창포 창 ·蒲 부들 포 ·刀 칼 도 ·梳 얼레빗 소 ·鳧 오리 부

山雨 草蟲 遠水 霜楓

花 꽃 화
艸 풀 초 + 化 변화할 화
풀[艸]이 변화한[化] 꽃

254 花紅黃蜂鬧요
草綠白馬嘶라

255 山雨夜鳴竹이요
草蟲秋入牀이라

256 遠水連天碧이요
霜楓向日紅이라

직역 및 해설

• 정철鄭澈 : 조선朝鮮 선조宣祖 때의 문신. 가사문학歌辭文學으로 〈사미인곡思美人曲〉·〈속미인곡續美人曲〉 등이 널리 알려져 있으며, 저서로는 《송강집松江集》이 있음.

○ 花紅黃蜂鬧요 草綠白馬嘶라

꽃이 붉으니 노란 벌이 시끄럽고, 풀이 푸르니 흰 말이 울어대네.

○ 山雨夜鳴竹이요 草蟲秋入牀이라

산 비는 밤중에 대나무를 울리고, 풀벌레는 가을에 침상으로 들어오네.

- 정철鄭澈의 〈추일작秋日作〉 또는 〈우야시雨夜詩〉와 유사.

留意 鳥 새 조 ≠ 烏 까마귀 오 ≠ 島 섬 도 ≠ 嗚 슬플 오 ≠ 鳴 울 명

○ 遠水連天碧이요 霜楓向日紅이라

멀리 〈보이는〉 물은 하늘과 이어져 푸르고, 서리 맞은 단풍은 해를 향해 붉다네.

留意 向 향할 향 ≠ 尙 오히려 상

·蜂 벌 봉 ·鬧 시끄러울 료 ·嘶 울 시 ·楓 단풍 풍 ·向 향할 향

孤輪月 千片玉 一叢金 一叢 紛紛 片片

257 山 吐 孤 輪 月 이요
江 含 萬 里 風 이라

258 露 凝 千 片 玉 이요
菊 散 一 叢 金 이라

259 白 蝶 紛 紛 雪 이요
黃 鶯 片 片 金 이라

含 머금을 함
今 이제 금 + 口 입 구
지금[今] 입[口]에 '머금고' 있는 상태를 이름

蝶 나비 접
虫 벌레 충 + 枼 잎 엽
나뭇잎[枼]을 닮은 벌레[虫]

○ 山吐孤輪月이요 江含萬里風이라

산은 외로운 둥근 달을 토하고, 강은 만 리 바람을 머금었네.

- '256·257'은 이이李珥의 〈화석정花石亭〉 일부.

留意 侖 둥글 륜 ≠ 倫 인륜 륜 ≠ 淪 빠질 륜 ≠ 崙 산이름 륜 ≠ 輪 바퀴 륜

○ 露凝千片玉이요 菊散一叢金이라

이슬이 맺히니 천 조각 구슬이요, 국화가 흩어지니 한 떨기 금이라네.

- 당唐 태종太宗 이세민李世民의 〈추일이수秋日二首 기이其二〉 일부.

留意 雨 비 우 ≠ 雪 눈 설 ≠ 電 번개 전 ≠ 雲 구름 운 ≠ 霜 서리 상 ≠ 雷 우레 뢰 ≠ 震 우레 진 ≠ 漏 샐 루

○ 白蝶紛紛雪이요 黃鶯片片金이라

흰 나비는 흩날리는 눈이요, 노란 꾀꼬리는 조각조각 금이라네.

직역 및 해설

- 고륜孤輪: 외로이 떠 있는 달.
- 이이李珥: 조선 선조宣祖 때의 문신·학자. 호는 율곡栗谷·석담石潭·우재愚齋. 저서로는 《성학집요聖學輯要》·《격몽요결擊蒙要訣》·《사서율곡언해四書栗谷諺解》 등이 있음.
- 분분紛紛: 떠들썩하고 뒤숭숭함.
- 편편片片: 낱낱의 조각마다.

·輪 바퀴 륜 ·含 머금을 함 ·露 이슬 로 ·凝 엉길 응 ·玉 구슬 옥 ·散 흩을 산 ·叢 떨기 총 ·紛 어지러울 분

花意懶 雁欲歸 林風 欲A

260 洞深花意懶요
山疊水聲幽라

261 氷解魚初躍이요
風和雁欲歸라

262 林風涼不絕이요
山月曉仍明이라

欲A : A하고자 하다

직역 및 해설

- 화의라花意懶 : 더디게 피는 꽃을 의미한 표현.
- 송익필宋翼弼 : 조선 선조宣祖 때의 학자. 이이李珥·성혼成渾 등과 교제함. 문장·시·글씨 등 다방면에 뛰어남. 저서로는 《귀봉집龜峰集》이 있음.
- 육유陸游 : 송宋나라 때의 사람. 1만 여 수首에 달하는 시를 남겨 당시唐詩를 부흥. 남송사대가南宋四大家의 한사람. 저서로는 《검남시고劍南詩稿》·《위남문집渭南文集》 등이 있음.

○ **洞深花意懶**요 **山疊水聲幽**라

골짜기 깊어 꽃 피려는 뜻 더디고, 산이 겹겹이라 물소리 그윽하네.

- 송익필宋翼弼의 〈유남악遊南嶽〉 일부.

○ **氷解魚初躍**이요 **風和雁欲歸**라

얼음이 녹으니 물고기가 처음 뛰놀고, 바람이 온화하니 기러기가 돌아가려 하네.

- 육유陸游의 〈산각산보유사북귀삼수山脚散步由舍北歸三首 기삼其三〉 일부.

○ **林風涼不絕**이요 **山月曉仍明**이라

수풀의 바람은 서늘하여 끊이지 아니하고, 산에 뜬 달은 새벽에도 오히려 밝다네.

- 당唐 왕진王縉의 〈별망천별업別輞川別業〉 일부.

留意 木 나무 목 ≠ 本 근본 본 ≠ 林 수풀 림 ≠ 森 빽빽할 삼

·洞 골 동 ·疊 겹칠 첩 ·幽 그윽할 유 ·氷 얼음 빙 ·解 풀 해[解憂] ·林 수풀 림 ·曉 새벽 효 ·仍 오히려 잉

4. 竹筍 죽순

尖如筆　細似針　新荷　餘花　A如B = A似B

263 竹 筍 尖 如 筆 이요
松 葉 細 似 針 이라

A如B : A가 B와 같다
A似B : A가 B와 같다

264 魚 戱 新 荷 動 이요
鳥 散 餘 花 落 이라

動 움질일 동
重 무거울 중 + 力 힘 력
무거운[重] 것을
힘써[力] 움직임

직역 및 해설

○ 竹筍尖如筆이요 松葉細似針이라
죽순은 뾰족하여 붓과 같고, 솔잎은 가늘어 바늘과 같네.

○ 魚戱新荷動이요 鳥散餘花落이라
물고기 장난에 새로 핀 연꽃 움직이고, 새 흩어지니 남은 꽃 떨어지네.
- 사조謝脁의 〈유동전游東田〉 일부.

留意 新 새로울 신 ≠ 親 친할 친

• 사조謝脁 : 중국 남북조南北朝 때의 시인. 음률미를 추구한 영명체永明體 시를 개척. 문집으로는 《사선성집謝宣城集》이 있음.

·尖 뾰족할 첨　·筆 붓 필　·針 바늘 침　·戱 놀이 희[雜戱]　·新 새로울 신　·荷 연꽃 하

CV18422

絃猶響　火尙存　柳幕　花房

絃 줄 현
糸 실 사 + 玄 검을 현
실[糸]을 꼬아 만든 줄[玄]

265 琴潤絃猶響이요
爐寒火尙存이라

266 春北秋南雁이요
朝西暮東虹이라

267 柳幕鶯爲客이요
花房蝶作郞이라

A爲B : A는 B가 되다
A作B : A는 B가 되다

직역 및 해설

○ **琴潤絃猶響**이요 **爐寒火尙存**이라

거문고 젖어도 줄은 여전히 소리 내고, 화로가 차가워도 불씨는 여전히 남아 있네.

- 서거정徐居正의 〈독좌獨坐〉 일부.

○ **春北秋南雁**이요 **朝西暮東虹**이라

봄에는 북으로 가을에는 남으로 기러기 날고, 아침에는 서로 저녁엔 동으로 무지개 피네.

○ **柳幕鶯爲客**이요 **花房蝶作郞**이라

버드나무 장막엔 꾀꼬리가 길손이 되고, 꽃부리엔 나비가 신랑이 되네.

留意 良 어질 량 ≠ 浪 물결 랑 ≠ 郞 사내 랑 ≠ 朗 밝을 랑 ≠ 廊 행랑 랑 ≠ 娘 아가씨 낭

- 서거정徐居正 : 조선朝鮮 성종成宗 때의 문신. 《동인시화東人詩話》·《동문선東文選》을 남김. 저서로는 《사가정집四佳亭集》·《태평한화太平閑話》 등이 있음.
- 유막柳幕 : 버들막.
- 화방花房 : 꽃부리.

·潤 불을 윤 ·絃 줄 현 ·猶 같을 유 ·響 울릴 향 ·爐 화로 로 ·火 불 화 ·尙 오히려 상 ·存 있을 존 ·幕 장막 막 ·郞 사내 랑

松間照　石上流　夾路　簷端

268 日 華 川 上 動 이요
風 光 草 際 浮 라

269 明 月 松 間 照 요
清 泉 石 上 流 라

270 青 松 夾 路 生 이요
白 雲 宿 簷 端 이라

갑골문　금문　소전
흐르는 시냇물의 모양

宿 잘 숙
宀 집 면 + 亻 사람 인
+ 百 일백 백

집안[宀]에서
사람[亻]이 자리를
깔고[百 '일백 백'이 아님] 누움

○ 日華川上動이요 風光草際浮라

햇빛은 시내 위에서 움직이고, 바람에 흔들리는 햇빛은 풀 사이에 떠 있네.

- 남북조南北朝 사조謝朓의 〈화서도조和徐都曹〉 일부.

留意 祭 제사 제 ≠ 際 즈음 제 ≠ 察 살필 찰

○ 明月松間照요 清泉石上流라

밝은 달은 소나무 사이로 비추고, 맑은 샘은 돌 위를 흐르네.

- 왕유王維의 〈산거추명山居秋暝〉 일부.

○ 青松夾路生이요 白雲宿簷端이라

푸른 소나무는 길을 끼고 자라고, 흰 구름은 처마 끝에 머무네.

- 도연명陶淵明의 〈의고擬古〉 일부.

留意 夾 낄 협 ≒ 挾 낄 협 ≠ 俠 호협할 협 ≠ 狹 좁을 협 ≠ 來 올 래

직역 및 해설

- 일화日華 : 태양의 빛.
- 풍광風光 : 바람이 초목에 불 때 반사되는 햇빛.
- 왕유王維 : 당唐나라 때 사람. 시·그림·글씨에 두루 능함. 저서로는 《왕우승집王右丞集》이 있음.
- 협로夾路 : 길 양쪽에 늘어섬.
- 도연명陶淵明 : p.77 참조.

·華 빛날 화　·川 내 천　·際 즈음 제　·照 비칠 조　·泉 샘 천　·夾 낄 협

荷風 竹露 谷直 蟋蟀 洞房 孟浩然

氣 기운 기
气 기운 기 + 米 쌀 미
공중을 떠다니는 기운[气]과 쌀[米]을 먹어 생겨나는 기운

271 荷風送香氣요
竹露滴清響이라

272 谷直風來急이요
山高月上遲라

273 蟋蟀鳴洞房이요
梧桐落金井이라

〈맹호연孟浩然〉
《만소당죽장화전》

직역 및 해설

- 맹호연孟浩然 : p.92 참조.
- 실솔蟋蟀 : 귀뚜라미.
- 동방洞房 : 깊숙한 안방. 주로 침실이나 규방閨房을 이름.
- 금정金井 : 가을 우물. 궁중의 우물 이나 지명으로 보기도 함.
- 장호張祜 : 당唐나라 궁사宮詞로 유명함.

○ 荷風送香氣요 竹露滴清響이라

연꽃에 부는 바람은 향기를 날려보내고, 대나무에 맺힌 이슬은 맑은 울림으로 떨어지네.

- 맹호연孟浩然의 〈하일남정회신대夏日南亭懷辛大〉 일부.

○ 谷直風來急이요 山高月上遲라

골짜기가 곧으니 바람 급히 불어오고, 산이 높으니 달 더디게 떠오르네.

留意 谷 골 곡 ≠ 俗 풍속 속 ≠ 浴 목욕할 욕 ≠ 裕 넉넉할 유
≠ 容 얼굴 용 ≠ 欲 하고자할 욕 ≠ 慾 욕심 욕

○ 蟋蟀鳴洞房이요 梧桐落金井이라

귀뚜라미[蟋蟀]는 골방에서 울어대고, 오동잎은 금정金井으로 떨어지네.

- 장호張祜의 〈두견화墻頭花〉 일부.

·滴 물방울 적 ·谷 골 곡 ·急 급할 급 ·蟋 귀뚜라미 실 ·蟀 귀뚜라미 솔 ·井 우물 정

松下立　沙上流　昨夜　今朝　甘雨　故人

274 山高松下立이요
江深沙上流라

275 花開昨夜雨러니
花落今朝風이라

276 大旱得甘雨요
他鄕逢故人이라

 立

갑골문　금문　소전

땅[一]을 디디고 서 있는 사람[大]의 모양

開 열 개

門 빗장 산
+廾 두 손 맞잡을 공

빗장을 지른 문[門]을 두 손[廾]으로 엶

○ 山高松下立이요 江深沙上流라

산은 높아도 소나무 아래 서 있고, 강은 깊어도 모래 위로 흐르네.

1 5 2 3 4
○ 花開昨夜雨러니 花落今朝風이라

꽃이 어젯밤 비에 피더니, 꽃이 오늘 아침 바람에 떨어지네.

- 송한필宋翰弼의 〈우음偶吟〉 일부.

留意　乍 잠깐 사 ≠ 詐 속일 사 ≠ 作 지을 작 ≠ 昨 어제 작

1 2 5 3 4
○ 大旱得甘雨요 他鄕逢故人이라

큰 가뭄에 단비[甘雨]를 얻게 되고, 타향에서 친구를 만나네.

- 홍매洪邁의 ≪용재수필容齋隨筆≫에 내용이 전함.

留意　早 이를 조 ≠ 草 풀 초 ≠ 卓 높을 탁 ≠ 旱 가물 한

직역 및 해설

- 송한필宋翰弼 : 조선 선조宣祖 때의 학자. 송익필宋翼弼(p.106 참조)의 아우. 문명文名이 높았고, 특히 성리학性理學에 밝음. 문집으로 《운곡집雲谷集》이 있음.
- 감우甘雨 : 때를 잘 맞추어 알맞게 내리는 비.
- 고인故人 : 오래전부터 사귀어온 친구.
- 홍매洪邁 : 송宋나라 때의 사람. 고사故事에 해박함. 저서로는 《용재수필容齋隨筆》 등이 있음.

·昨 어제 작　·旱 가물 한　·甘 달 감　·鄕 시골 향　·逢 만날 봉　·故 연고 고

畵虎難畵骨　千載寶　一朝塵

未A : A하지 못하다

277 畵虎難畵骨이요
知人未知心이라

不A : A하지 않다
復 : 다시

278 水去不復(부)回요
言出難更(갱)收라

279 學文千載寶나
貪物一朝塵이라

직역 및 해설

○ 畵虎難畵骨이요 知人未知心이라
호랑이를 그려도 뼈 그리기 어렵고, 사람을 알아도 마음을 알지 못하네.

○ 水去不復回요 言出難更收라
물은 흘러가면 다시 돌아오지 아니하고, 말은 나오면 다시 거두기 어렵네.

留意 更 다시 갱 ≒ 復 다시 부
更 다시 갱 ; 고칠 경　　復 다시 부 ; 돌아올 복

• 천재千載 : 천년, 곧 오랜 세월.
• 일조一朝 : 하루 아침. 일시. 아주 짧은 동안.

○ 學文千載寶나 貪物一朝塵이라
글을 배우면 천 년의 보배이나, 물건을 탐하면 하루아침의 티끌이라네.

留意 哉 어조사 재 ≠ 栽 심을 재 ≠ 裁 옷마를 재 ≠ 載 실을 재

·更 다시 갱 ·收 거둘 수[收藏] ·載 실을 재 ·寶 보배 보 ·貪 탐낼 탐

荊棘 白日 虛送 再來

280 一 日 不 讀 書 면
口 中 生 荊 棘 이라

不A : A하지 않다

281 花 有 重 開 日 이나
人 無 更 少 年 이라

282 白 日 莫 虛 送 하라
靑 春 不 再 來 라

莫A : A하지 말라

○ 一日不讀書면 口中生荊棘이라

하루라도 글을 읽지 않으면, 입안에 가시가 생겨나네.

- 안중근安重根의 유묵遺墨에 있어 안중근의 말이라고 전하나, 안정복安鼎福의 《순암집順庵集》에 옛부터 전하는 말이라고 전傳함, 작자는 미상임.

留意 棘 가시 극 ≠ 棗 대추 조

○ 花有重開日이나 人無更少年이라

꽃에겐 다시 필 날이 있으나, 사람에겐 다시 소년이 없다네.

- 송宋 진저陳著의 〈속질부상도미권주續侄溥賞酴醾勸酒 이수二首〉 일부.

留意 有 있을 유 ≒ 存 있을 존 ≒ 在 있을 재

○ 白日莫虛送하라 靑春不再來라

한낮을 헛되이 보내지 말라. 청춘은 다시 오지 않는다네.

- 당唐 임관林寬의 〈소년행少年行〉과 유사.

직역 및 해설

- 형극荊棘 : 가시나무.
- 안정복安鼎福 : 조선 영조英祖 때의 문신. 《동사강목東史綱目》 등을 저술함.
- 백일白日 : 대낮. 여기서는 '시간'의 의미.
- 허송虛送 : 시간이나 세월을 헛되게 보냄.
- 청춘靑春 : 십 대 후반後半에서 이십 대에 걸치는, 인생의 젊은 나이.

·荊 가시나무 형 ·棘 가시 극 ·虛 빌 허[虛無] ·再 두 재

千古聖　一身主　吾心宅　以書富　因書貴

283 堯舜千古聖이요
孔孟百世師라

A作B : A는 B가 되다
A爲B : A는 B가 되다

284 心爲一身主요
身作吾心宅이라

以AB : A로써 B하다
因AB : A로써 B하다

285 貧人以書富요
富者因書貴라

직역 및 해설

- 요순堯舜 : 중국의 요임금과 순임금을 아울러 이르는 말.
- 천고千古 : 아주 먼 옛적.
- 공맹孔孟 : 공자와 맹자를 아울러 이르는 말.
- 백세百世 : 오랫동안 이어 내려오는 여러 세대.
- 왕안석王安石 : 당송팔대가唐宋八大家의 한 사람. 저서로는 《임천집臨川集》·《시의구침詩義鉤沈》 등이 있음.

○ 堯舜千古聖이요 孔孟百世師라

요와 순은 천고의 성인이요, 공자와 맹자는 백세의 스승이네.

留意 孟 맏 맹 ≠ 盈 찰 영 ≠ 盂 바리 우 ≠ 盟 맹세할 맹 ≠ 皿 그릇 명

○ 心爲一身主요 身作吾心宅이라

마음은 한 몸의 주인이 되고, 몸은 내 마음의 집이 된다네.

留意 主 주인 주 ≠ 住 살 주 ≠ 往 갈 왕 ≠ 注 물댈 주 ≠ 柱 기둥 주

○ 貧人以書富요 富者因書貴라

가난한 사람은 글로써 부유해지고, 부유한 사람은 글로써 귀해지네.

- 왕안석王安石의 〈권학문勸學文〉과 유사.

留意 幅 폭 폭 ≠ 福 복 복 ≠ 副 버금 부 ≠ 富 부자 부

·堯 요임금 요　·舜 순임금 순　·聖 성인 성　·富 부유할 부　·因 인할 인

中流 秋聲 來往

286 水 流 無 彼 此 어늘
地 勢 有 西 東 이로다

287 月 色 中 流 滿 이요
秋 聲 兩 岸 生 이라

288 陰 陽 無 停 機 요
寒 暑 互 來 往 이라

陽 볕 양
阝 언덕 부 + 昜 볕 양
언덕[阝] 위에 볕[昜]이 듦

직역 및 해설

○ 水流無彼此어늘 地勢有西東이로다
물의 흐름은 피차가 없는데, 땅의 형세는 동서가 있도다.
- 주희朱熹의 〈분수포시分水舖詩〉 일부.
留意 勢 형세 세 ≠ 熱 더울 열 ≠ 藝 재주 예

○ 月色中流滿이요 秋聲兩岸生이라
달빛은 중류에 가득하고, 가을 소리는 양쪽 언덕에 생겨나네.
- 주희朱熹의 〈야범소주농월극음夜泛小舟弄月劇飮 이수二首〉 일부.
留意 兩 두 량 ≠ 雨 비 우

○ 陰陽無停機요 寒暑互來往이라
음과 양은 멈추는 때가 없고, 추위와 더위는 서로 오가네.
- 주희朱熹의 〈재거감흥齋居感興〉 일부.
留意 暑 더울 서 ≒ 熱 더울 열 ≒ 煖 더울 난

• 주희朱熹 : p.81 참조.
• 중류中流 : 강 가운데.
• 추성秋聲 : 가을철에 나는 소리. 바람 소리, 낙엽 소리, 벌레 우는 소리 따위.
• 내왕來往 : 오고 감.

·彼 저 피 ·勢 형세 세 ·兩 두 량 ·岸 언덕 안 ·陽 볕 양 ·停 머무를 정 ·暑 더울 서
·互 서로 호 ·往 갈 왕

鵲噪　烏啼　吉與凶　豈A

289 坐草衣襲綠이요
嚼花頰生香이라

未A : A하지 못하다
豈A : 어찌 A인가?

290 鵲噪未爲吉이니
烏啼豈是凶이리요

A與B : A와 B
不A : A하지 않다

291 人間吉與凶은
不在鳥音中이라

직역 및 해설

○ 坐草衣襲綠이요 嚼花頰生香이라

풀에 앉으니 옷에 푸름이 물들고, 꽃을 씹으니 뺨에 향기가 피어나네.

留意 襲 엄습할 습 ≠ 聾 귀먹을 롱 ≠ 壟언덕 롱

○ 鵲噪未爲吉이니 烏啼豈是凶이리요

까치 울음을 길吉하다 할 것 아니며, 까마귀 울음인들 어찌 흉하리오?

留意 吉 길할 길 ≠ 結 맺을 결 ≠ 喆밝을 철

○ 人間吉與凶은 不在鳥音中이라

인간의 길과 흉은 새소리 속에 있지 않다네.

·襲 엄습할 습 ·嚼 씹을 작 ·頰 뺨 협 ·鵲 까치 작 ·噪 떠들썩할 조 ·未 아닐 미 ·爲 할 위
·吉 길할 길 ·烏 까마귀 오 ·凶 흉할 흉[吉凶] ·音 소리 음[知音]

愛月　貪山　樽酒

292 愛月非關(완)惑이요
貪山不害廉이라

293 耕牛無宿草한대
倉鼠有餘粮이라

294 樽酒樂(요)餘春이요
碁局消長夏라

樂 좋아할 요
絲 실 사 + 白 흰 백 + 木 나무 목
나무[木]에 양쪽으로 실[絲]을 매달고 북[白]을 두드림

非A : A가 아니다
不A : A하지 않다

○ **愛月非關惑**이요 **貪山不害廉**이라

달을 사랑해도 미혹에 이끌리지 아니하고, 산을 탐해도 청렴에 해가 되지 않는다네.

- 조성趙晟의 《청강선생후청쇄어淸江先生鯸鯖瑣語》에 전함.

留意 或 혹 혹 ≠ 惑 미혹할 혹 ≠ 域 지경 역 ≠ 國 나라 국
貧 가난할 빈 ≠ 貪 탐할 탐 ≠ ≠ 貫 꿸 관 ≠ 賣 팔 매 ≠ 買 살 매

○ **耕牛無宿草**한대 **倉鼠有餘粮**이라

밭 가는 소는 묵은 풀이 없는데, 창고의 쥐는 남은 양식이 있다네.

- 작자作者는 미상未詳이나 《송와잡설松窩雜說》에 전함.

○ **樽酒樂餘春**이요 **碁局消長夏**라

잔 술로 남은 봄을 즐기고, 바둑으로 긴 여름 보내네.

- 소식蘇軾의 〈사마온공독락원司馬溫公獨樂園〉 일부.

직역 및 해설

- 조성趙晟 : 조선 명종明宗 때의 학자. 시집으로 《양심당집養心堂集》이 있음.
- 준주樽酒 : 술잔에 담긴 술. 또는 통에 담긴 술.
- 기국碁局 : 바둑이나 장기의 판.
- 소식蘇軾 : 당송팔대가唐宋八大家의 한 사람. 저서로는 《동파칠집東坡七集》·《동파지림東坡志林》 등이 있음.

·關 이끌 완 ·惑 미혹할 혹 ·廉 청렴할 렴 ·倉 곳집 창 ·粮 양식 량 ·樽 술통 준 ·碁 바둑 기
·消 사라질 소

5. 簷月 처마에 걸린 달

詩肺 知音 浮生

295 簷月淸詩肺요
溪風灑醉顔이라

296 古曲知音少요
浮生回面難이라

曲 
갑골문 금문 소전
굽은 자의 모양

직역 및 해설

- 시폐詩肺 : 시인의 마음.
- 지음知音 : 음악의 곡조를 잘 앎. 마음이 서로 통하는 친한 벗을 비유적으로 이르는 말.
- 부생浮生 : 덧없는 인생. 삶이 공허하다는 장자莊子의 말에서 유래함.

○ 簷月淸詩肺요 溪風灑醉顔이라

처마에 걸린 달은 시인의 마음[詩肺] 맑게 하고, 계곡의 바람은 취한 얼굴을 씻겨주네.

- 조선朝鮮 이덕함李德涵의 〈우음偶吟〉 일부.

留意 奚 어찌 해 ≠ 溪 시내 계 ≠ 鷄 닭 계

○ 古曲知音少요 浮生回面難이라

옛 곡조는 알아 듣는 이[知音] 드물며, 떠도는 인생[浮生]은 다시 만나기 어렵다네.

- 조선朝鮮 양성일梁誠一의 〈증인贈人〉 일부.

CV18447

·詩 시 시 ·肺 허파 폐 ·溪 시내 계 ·曲 곡조 곡

忘憂(物) 睡寐 千古節 片時春

297 酒是忘憂物이요
書爲引睡寐라

298 松竹千古節이요
桃李片時春이라

299 芝蘭種不榮이요
荊棘剪不去라

A是B : A는 B이다
A爲B : A는 B이다

不A : A하지 않다

○ 酒是忘憂物이요 書爲引睡寐라

술은 근심을 잊게 하는 물건이고, 책은 잠을 이끄는 것이라네.

- 육유陸游의 〈만보사북귀晩步舍北归〉와 유사.

○ 松竹千古節이요 桃李片時春이라

소나무 대나무는 천 년의 절개요, 복사꽃 오얏꽃은 한때의 봄이라네.

留意 兆 조(억의 10배) 조 ≠ 桃 복숭아 도 ≠ 挑 돋울 도 ≠ 跳 뛸 도 ≠ 逃 도망할 도

○ 芝蘭種不榮이요 荊棘剪不去라

지초와 난초는 심어도 무성하지 않고, 가시는 베어도 사라지지 않네.

- 소옹邵雍의 〈감사음感事吟〉 일부.

留意 重 무거울 중 ≠ 動 움직일 동 ≠ 種 씨 종 ≠ 鍾 쇠북 종

직역 및 해설

• 망우물忘憂物 : 온갖 시름을 잊게하는 물건이란 뜻으로, 술을 이르는 말.
• 수매睡寐 : 잠에 빠짐.
• 육유陸游 : p.106 참조.
• 편시片時 : 짧은 시간.
• 소옹邵雍 : 송宋나라 사람. 시에 능하여 독창적인 철리시哲理詩를 구사함. 저서로는 《황극경세皇極經世》 등이 있음.

·引 끌 인 ·睡 졸음 수 ·時 때 시[時雨] ·蘭 난초 란 ·種 심을 종 ·剪 자를 전

點點 箇箇 千家燈 萬人扇

300 梅花點點雪이요

松葉箇箇針이라

針 바늘 침
金 쇠 금 + 十 열 십
쇠[金]로 만든 가느다란 바늘[十]

301 明月千家燈이요

清風萬人扇이라

302 明月圓且缺이요

白雲散復合이라

A且B : A했다 다시 B하다
A復B : A했다 다시 B하다

직역 및 해설

- 점점點點 : 작고 수가 많음을 형용하는 어휘.
- 개개箇箇 : 각각, 낱낱이.

○ 梅花點點雪이요 松葉箇箇針이라

매화는 점점의 눈이요, 솔잎은 낱낱의 바늘이라네.

○ 明月千家燈이요 清風萬人扇이라

밝은 달은 온 집의 등불이요, 맑은 바람은 많은 사람의 부채라네.

留意 登 오를 등 ≠ 癸 북방 계

○ 明月圓且缺이요 白雲散復合이라

밝은 달[明月]은 둥글었다 다시 이지러지고, 흰 구름[白雲]은 흩어졌다 다시 모이네.

留意 散 흩어질 산 ↔ 集 모을 집 ≒ 合 모을 합

·箇 낱 개 ·且 또 차 ·缺 이지러질 결

知歲寒　識春來　水中王　山(裡)君　A爲B = A作B

303 雪白知歲寒이요
山青識春來라

304 龍爲水中王이요
虎作山裡君이라

305 鷺行沙有跡이나
魚躍水無痕이라

A爲B : A가 B가 되다
A作B : A는 B가 된다

○ 雪白知歲寒이요 山青識春來라
눈이 희니 날이 추운 것을 알고, 산이 푸르니 봄이 옴을 안다네.

○ 龍爲水中王이요 虎作山裡君이라
용은 물속의 왕이요, 범은 산속의 임금이네.

○ 鷺行沙有跡이나 魚躍水無痕이라
백로가 걸으면 모래에 자취 남으나, 물고기는 뛰어도 물에 흔적 없다네.

留意 跡 자취 적 ≒ 迹 자취 적 ≒ 蹟 자취 적

직역 및 해설

- 세한歲寒 : 몹시 추운 때.
- 수중왕水中王 : 용을 가리키는 말. 수왕水王은 바다를 가리킴.
- 산군山君 : 범, 호랑이, 산짐승의 왕이라 하여 이르는 말.

·識 알 식　·跡 발자취 적　·痕 흔적 흔

霜鬚　脩竹　垂楊　金失色　月無光

未A : A하지 못하다

醉 취할 취
酉 동이 유 + 卒 마칠 졸
동이[酉]의 술을 다 마셔 끝냄[卒]

306 烏羽浴未白이요
霜鬚醉難紅이라

307 脩竹魚㤼釣요
垂楊馬驚鞭이라

308 菊黃金失色이요
霜白月無光이라

직역 및 해설

• 상수霜鬚 : 서리처럼 흰 수염.
• 수죽脩竹 : 곧게 자란 대나무.
• 수양垂楊 : 늘어진 버들가지.

○ 烏羽浴未白이요 霜鬚醉難紅이라
까마귀 깃은 씻어도 희어지지 않고, 서리 맞은 수염은 취해도 붉어지기 어렵다네.

○ 脩竹魚㤼釣요 垂楊馬驚鞭이라
긴 대나무는 물고기가 낚싯대인 줄 겁내고, 늘어진 버들가지는 말이 채찍인 줄 놀라네.

留意 垂 드리울 수 ≠ 唾 침 타 ≠ 睡 졸음 수 ≠ 郵 우편 우

○ 菊黃金失色이요 霜白月無光이라
국화의 노란색에 황금은 색을 잃고, 서리의 흰 빛에 달이 빛내지 못하네.

留意 失 잃을 실 ≠ 夫 지아비 부 ≠ 扶 도울 부 ≠ 秩 차례 질

·浴 목욕할 욕 ·鬚 수염 수 ·脩 길 수 ·㤼 겁낼 겁 ·釣 낚시 조 ·垂 드리울 수[垂統] ·驚 놀랄 경 ·鞭 채찍 편

正心 謀利 愚氓 有語

309 讀書先正心하고
臨事不謀利하라

310 勤讀爲貴人이요
不學作愚氓이라

311 樹高蟬有語요
花盡蝶無情이라

不A : A하지 말라

A爲B : A는 B가 되다
A作B : A는 B가 되다

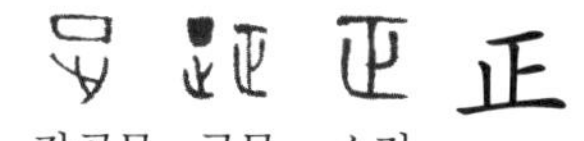

갑골문 금문 소전

잘못을 저지른 어떤 지역[一]을 바로잡기 위해 나아가는 발[止]의 모양

○ **讀書先正心**하고 **臨事不謀利**하라

책을 읽을 때는 먼저 마음을 바르게 하고, 일에 임할 때는 이익을 꾀하지 말라.

○ **勤讀爲貴人**이요 **不學作愚氓**이라

독서를 부지런히 하면 귀인이 되고, 배우지 않으면 어리석은 백성이 된다.

留意 **貴** 귀할 **귀** ≠ **遺** 남길 **유** ≠ **遣** 보낼 **견**

○ **樹高蟬有語**요 **花盡蝶無情**이라

〈여름이 오자〉 나무 높은 곳에 매미는 울어대고, 꽃이 지는데 나비는 무정하네.

– ≪서유기西遊記≫와 ≪춘향전≫에 비슷한 구절이 있음.

직역 및 해설

- 정심正心 : 마음을 바르게 함.
- 모리謀利 : 부정한 이익을 꾀함.
- 우맹愚氓 : 어리석은 백성.
- 유어有語 : 말하지 못하는 매미가 우는 것을 말이 있다고 표현함.

·臨 임할 **림** ·愚 어리석을 **우** ·氓 백성 **맹** ·蟬 매미 **선**

日月星辰　春滿足　春在手

312 日 月 機 中 梭 요
星 辰(신) 局 裡 棋 라

313 鶯 鷰 傳 春 風 이요
鴻 鴈 報 秋 聲 이라

314 踏 花 春 滿 足 이요
折 柳 春 在 手 라

折 
갑골문　금문　소전
나뭇가지[木 : 扌로 변함]를 도끼[斤]질하여 꺾는 모습

직역 및 해설

○ **日月機中梭**요 **星辰局裡棋**라

해와 달은 베틀 속 북이요, 별[星辰]은 바둑판 속 바둑돌이네.

留意 辰 별 신 ; 때 신 ; 지지地支 진 ; 별자리 진
辰 별 신 ≠ **晨** 새벽 신 ≠ **振** 떨칠 진 ≠ **脣** 입술 순 ≠ **辱** 욕될 욕

○ **鶯鷰傳春風**이요 **鴻鴈報秋聲**이라

꾀꼬리·제비는 봄바람[春風] 전하고, 기러기는 가을 소리[秋聲] 알리네.

○ **踏花春滿足**이요 **折柳春在手**라

· 답화踏花 : 꽃을 밟음. 꽃놀이.

꽃을 밟으니 봄이 발에 가득하고, 버들가지 꺾으니 봄이 내 손에 있다네.

·梭 북 사　·辰 별 신[日月星辰]　·棋 바둑 기　·鷰 제비 연　·鴈 기러기 안　·踏 밟을 답

生養 收藏 碩儒 高妓 那無A

315 春夏方生養이요
秋冬始收藏라

316 登山雲襲衣요
臨水月近人이라

317 碩儒那無遊리오
高妓自不語라

那無A : 어찌 A하지 않는가?
不A : A하지 않다

○ 春夏方生養이요 秋冬始收藏라

봄 여름엔 바야흐로 낳아 기르며, 가을 겨울엔 비로소 거두어 저장하네.

○ 登山雲襲衣요 臨水月近人이라

산에 오르면 구름이 옷에 스며들고, 물에 다가서면 달이 사람과 가까워지네.

○ 碩儒那無遊리오 高妓自不語라

큰 선비라고 어찌 놀지 않으리오? 고상한 기녀妓女는 스스로 말이 없다네.

- 이하는 희작시戱作詩로 전하는 구절.

留意 支 지탱할 지 ≠ 技 재주 기 ≠ 枝 가지 지 ≠ 妓 기생 기

직역 및 해설

- 생양生養 : 양육함.
- 수장收藏 : 모아서 저장함. 모아서 깊이 간직함. 또는 그 물건.
- 석유碩儒 : 학식이 많은 선비. 거유巨儒. 대학자大學者.
- 고기高妓 : 고상한 기녀.

·養 기를 양 ·碩 클 석 ·儒 선비 유 ·那 어찌 나 ·妓 기생 기

菊樹　枝影　江亭　大醉　月移　通市

318 菊樹寒沙發이요
枝影半從池라

影 그림자 영
景 볕 경 + 彡 터럭 삼
반짝[彡]이는 햇빛[景]의 그림자

319 江亭貧士過라가
大醉伏松下라

320 月移山影改요
通市求利來라

직역 및 해설

○ 菊樹寒沙發이요 枝影半從池라

국화는 차가운 모래에 피어나고, 나뭇가지 그림자 절반쯤 못에 드리웠네. ⇒ 국수 한 사발, 지렁 반 종지.

• 지렁: 간장의 방언.

○ 江亭貧士過라가 大醉伏松下라

강가의 정자를 가난한 선비가 지나가다, 크게 취하여 소나무 아래 엎드렸네. ⇒ 강정 빈 사과, 대추 복숭아.

○ 月移山影改요 通市求利來라

달이 옮겨가니 산 그림자 바뀌고, 온 저자엔 이익을 찾아 온다네. ⇒ 워리 사냥개, 통시 구린내.

• 워리: 개를 부를 때 쓰는 말.

• 통시: 뒷간의 방언.

留意 求 구할 구 ≠ 救 구원할 구 ≠ 球 공 구 ≠ 逑 짝 구

·半 반 반　·伏 엎드릴 복　·移 옮길 이　·市 저자 시

踞門顧　下椽走　海外落　松下馳　八分　二月

321 黑猫踞門顧하니
白鼠下椽走라

322 白鷺海外落이요
黃犢松下馳라

323 風吹葉八分이요
鳥飛枝二月이라

 走
금문　소전
발[止]을 내디디며
달리는 사람[大]의 모습

吹 불 취
口 입 구 + 欠 하품 흠
입[口]을 크게 벌린 모양[欠]

○ 黑猫踞門顧하니 白鼠下椽走라

검은 고양이가 문에 걸터앉아 돌아보니, 흰 쥐가 서까래에서 내려와 달아나네. ⇒ 흑묘는 거문 고양이, 백서는 하얀 쥐.

○ 白鷺海外落이요 黃犢松下馳라

백로는 바다 밖으로 내려앉고, 누런 송아지 소나무 아래로 달려가네. ⇒ 백로는 해오라기, 황독은 송아지.

- '318~322'는 김병연金炳淵(김삿갓)의 작품으로 전함.

留意 馳 달릴 치 ≒ 走 달릴 주 ≒ 奔 달릴 분

○ 風吹葉八分이요 鳥飛枝二月이라

바람이 불어오면 잎새가 너푼너푼. 새가 날아가면 가지가 한들한들.

留意 欠 하품 흠 ≠ 次 버금 차 ≠ 吹 불 취

직역 및 해설

- 황독黃犢 : 누런 송아지.
- 김병연金炳淵 : 조선말朝鮮末 시인. 하늘을 볼 수 없는 죄인이라 생각하고 항상 큰 삿갓을 쓰고 다녀 김삿갓이라 속칭함. 시집으로는 《김립시집金笠詩集》이 있음.
- 팔푼八分 : 너푼[四分] + 너푼[四分].
- 이월二月 : 한들[一月] + 한들[一月].

·猫 고양이 묘　·椽 서까래 연　·馳 달릴 치　·吹 불 취　·八 여덟 팔

324 鳥坐江邊鴻이요
月入門中開이라

직역 및 해설

○ 鳥坐江邊鴻이요 月入門中開이라

새가 강가에 앉으니 鴻[기러기 홍]이요,

달이 문 속으로 들어오니 閒[한가로울 한]이네.

⇒ 江 + 鳥 = 鴻 ; 門 + 月 = 閒

留意 門 문 문 ≠ 問 물을 문 ≠ 聞 들을 문
≠ 開 열 개 ≠ 閉 닫을 폐 ≠ 間 사이 간

부 록

한문 독해 패턴 색인

한자 훈음 색인

구결표

한문 독해 패턴 색인

- 색인의 범위는 교재 원문에 제시한 패턴에 한함.
- 패턴내 각각의 한자에 모두 제시함. 단, 동일한 한자가 2회 이상 포함된 패턴은 1회만 기록함.
  예: '不可不A'는 '不'과 '可'에 각 1회씩 제시함.
- '한자음 가나다 순'으로 배열함.
- 아래 패턴을 반복하여 읽는 것도 한문독해력에 도움이 될 수 있음.

범례) 패턴 구조 : 패턴 풀이법_ 페이지번호, 페이지번호 …

ㄱ

可
- A可謂B : A면 B라 할 수 있다_ 29
- 不可無A : A가 없을 수 없다_ 46

曷
- 曷不A : 어찌 A하지 않겠는가?_ 13
- 非A 曷B : A 아니면 어찌 B하겠는가?_ 29

敢
- 莫敢A : 감히 A하지 말라_ 37
- 無敢A : 감히 A하지 말라_ 26
- 不敢A : 감히 A하지 말라_ 33

共
- 連A共B : A와 함께 B하다_ 95

旣
- 旣A 乃B : 이미 A한 뒤에 마침내 B한다_ 70

豈
- 豈A : 어찌 A인가?_ 116
- 豈若A : 어찌 A와 같겠는가?_ 40

ㄴ

那
- 那無A : 어찌 A하지 않는가?_ 125

乃
- 旣A 乃B : 이미 A한 뒤에 마침내 B한다_ 70
- 先A 乃B : 먼저 A하고 이어 B하다_ 71

寧
- 寧A 無B : 차라리 A할지언정 B하지 말라_ 69

能
- 能A : A할 수 있다_ 28, 39, 43
- 不能A : A할 수 없다_ 75
- 不能A 無B : A할 수 없으면 B하지 않다_ 29

ㄷ

但
- 但A : 다만 A할 뿐이다_ 69

當
- 當A : 마땅히 A하여야 한다_ 31, 80

ㅁ

莫
- 莫A:A하지 말라_ 61, 113
- 莫敢A:감히 A하지 말라_ 37
- 莫非A:A 아님이 없다_ 43

毋
- 毋A:A하지 말라_ 35
- 無A 毋B:A하지 않으면 B하지 말라_ 23

無
- 那無A:어찌 A하지 않는가?_ 125
- 寧A 無B:차라리 A할지언정 B하지 말라_ 69
- 無A:A가 없다_ 36, 50, 63, 78
- 無A:A하지 못하다_ 97
- 無A:A하지 않다_ 52
- 無敢A:감히 A하지 말라_ 26
- 無A 毋B:A하지 않으면 B하지 말라_ 23
- 不可無A:A가 없을 수 없다_ 46
- 不能A 無B:A할 수 없으면 B하지 않다_ 29

勿
- 勿A:A하지 말라_ 15, 16, 18, 19, 20, 24, 26, 38, 42
- 不A 勿B:A하지 않으면 B하지 말라_ 22
- 非A 勿B:A 아니면 B하지 말라_ 56
- A而勿B:A하고서 B하지 말라_ 38

未
- 未A:아직 A하지 않다_ 93
- 未A:A하지 못하다_ 112, 116, 122

靡
- 靡A:A하지 말라_ 61

ㅂ

反
- 反A矣:도리어 A할 것이다_ 49

復
- A復B:A했다 다시 B하다_ 120

不
- 曷不A:어찌 A하지 않겠는가?_ 13
- 不A:A하지 말라_ 123
- 不A:A하지 못하다_ 28, 50, 68, 69
- 不A:A하지 않다_ 17, 26, 67, 68, 96, 97, 112, 113, 116, 117, 119, 125
- 不可無A:A가 없을 수 없다_ 46
- 不敢A:감히 A하지 말라_ 33
- 不能A:A할 수 없다_ 75
- 不能A 無B:A할 수 없으면 B하지 않다_ 29
- 不A 勿B:A하지 않으면 B하지 말라_ 22
- 不A 非B:A 아니면 B가 아니다_ 51
- A不若B:A는 B 만 못하다_ 64
- 不A而B:A하지 않고서 B하다_ 49
- 不A自B:A하지 않더라도 저절로 B하다_ 48
- A而不B:A하되 B하지 못하다_ 51

比
- 比A於B:A를 B에 비유하다_ 34

非
- 莫非A:A 아님이 없다_ 43
- 不A 非B:A 아니면 B가 아니다_ 51
- 非A:A가 아니다_ 117
- 非A 曷B:A 아니면 어찌 B하겠는가?_ 29
- 非A 勿B:A 아니면 B하지 말라_ 56

ㅅ

似
- A似B : A는 B와 같다_ 13, 80, 84, 89, 107

相
- A相B : A를 서로 B하다_ 59, 60

先
- 先A 乃B : 먼저 A하고 이어 B하다_ 71

所
- 所A : A하는 것_ 61
- 所A : A하는 바_ 49
- 所以A 以B : A한 까닭은 B 때문이다_ 56

雖
- 雖A : 비록 A라도_ 22, 23, 33, 34, 37, 38, 40

是
- A是B : A는 B이다_ 119
- A終是B : A하면 끝내 B한다_ 62
- A總是B : A는 모두 B이다_ 43

雙
- 與A雙B : A와 함께 B하다_ 95

ㅇ

若
- 豈若A : 어찌 A와 같겠는가?_ 40
- A不若B : A는 B 만 못하다_ 64
- 若A : 만약 A하면_ 22

於
- 比A於B : A를 B에 비유하다_ 34
- A於B : B에게 A하다_ 61

如
- 如A : A와 같다_ 39
- A如B : A가 B와 같다_ 29, 89, 107
- A如B : A는 B와 같다_ 13, 27, 84
- A如B : B처럼 A하다_ 30, 32, 41

與
- 與AB : A와 B하다_ 26
- A與B : A와 B_ 116
- 與A雙B : A와 함께 B하다_ 95

連
- 連A共B : A와 함께 B하다_ 95

然
- A然後B : A한 후에 B하다_ 90

欲
- 欲A : A하고자 하다_ 14, 106

于
- A于B : B에서 A하다_ 38

爲
- A爲B : A가 B가 되다_ 55, 61
- A爲B : A는 B가 되다_ 78, 79, 80, 87, 88, 108, 114, 121, 123
- A爲B : A는 B이다_ 119
- A爲B : A를 B로 여기다/삼다_ 30

謂
- A可謂B : A면 B라 할 수 있다_ 29

惟
- 惟A : 오직 A 뿐이다_ 63

矣
- 反A矣 : 도리어 A할 것이다_ 49

以
- 所以A 以B : A한 까닭은 B 때문이다_ 56
- 以AB : A로써 B하다_ 13, 47, 114
- A以B : A로서 B하다_ 44, 45
- A以B : A로써 B하다_ 12
- A以B : B로써 A하다_ 44
- (自)A 以B : A로부터 B로_ 90

而
- 不A而B : A하지 않고서 B하다_ 49
- A而B : A에 B하다_ 33
- A而B : A하고서 B하다_ 17, 39
- A而B : A하고 B하다_ 15, 21, 24
- A而B : A해서 B하다_ 37, 49
- A而勿B : A하고서 B하지 말라_ 38
- A而不B : A하되 B하지 못하다_ 51

因
- 因AB : A로써 B하다_ 114

ㅈ

者
- A者B : A는 B이다_ 52

自
- 不A 自B : A하지 않더라도 저절로 B하다_ 48
- (自)A 以B : A로부터 B로_ 90

作
- A作B : A는 B가 되다_ 78, 79, 87, 88, 108, 114, 121, 123

在
- A之在B : A가 B에 있어_ 46

終
- A終是B : A하면 끝내 B한다_ 62

則
- A則B : A에는 B하다_ 31, 57
- A則B : A하면 B하다_ 30
- A則B : A할 때엔 B하다_ 35

之
- A之B : A의 B_ 27, 32, 36, 37, 44, 60, 61
- A之B : A하는 B_ 50
- A之B : A한 B_ 51, 62
- A之在B : A가 B에 있어_ 46

ㅊ

且
- A且B : A했다 다시 B하다_ 120

總
- A總是B : A는 모두 B이다_ 43

ㅍ

必
- 必A : 반드시 A하라_ 14, 17, 18, 22, 23, 26, 28, 36, 37, 38, 41, 43, 44, 46, 49, 51, 57
- 必A : 반드시 A한다_ 62, 68

ㅎ

後
- A然後B : A한 후에 B하다_ 90

한자 훈음 색인

- 본 색인索引은 본서에 수록된 원문原文에서 실제 사용된 훈음訓音을 구분하여 제공함.
- 음이 둘 이상 출현한 경우 각각의 음마다 매번 제시하여, 하나의 음만 알더라도 찾아볼 수 있도록 함. 이 경우 정렬에 해당하지 않는 음가 앞에는 '※' 기호로 표기함.
- 훈음은 1999년 본회와 한국어문회 등에서 제정한 '敎育 漢字의 代表 訓音'을 기준으로 현대화하여 수정하였으며, 추가적인 의미 설명이 필요할 경우 ';' 뒤에 부연함.
- 예시 - 樂 : 즐길 요_ 294
  ※ 즐거울 락_ 79, 190

※숫자는 문장의 일련번호

ㄱ

可 : 가할 가_ 51, 99
家 : 집 가_ 58, 137, 138, 142, 143, 190, 191, 192, 301
歌 : 노래 가_ 218
角 : 뿔 각_ 248
閣 : 집 각_ 200
澗 : 산골 물 간_ 244
看 : 볼 간_ 223, 224
間 : 사이 간_ 208, 237, 269, 291
曷 : 어찌 갈_ 5, 50
竭 : 다할 갈_ 56
敢 : 감히 감_ 43, 60, 73
減 : 덜 감_ 165
甘 : 달 감_ 276
剛 : 굳셀 강_ 112
江 : 강 강_ 173, 195, 200, 221, 226, 233, 239, 257, 274, 319, 324
綱 : 벼리 강_ 122, 123, 124
改 : 고칠 개_ 114, 320
皆 : 다 개_ 115
箇 : 낱 개_ 300
蓋 : 덮을 개 ; 일산_ 178, 206
開 : 열 개_ 19, 168, 236
필 개_ 275, 281
客 : 손 객_ 97, 98, 206, 238, 267
更 : 다시 갱_ 278, 281
去 : 갈 거_ 203, 204, 211, 222, 234, 239, 253, 278
갈 거 ; 사라지다_ 299
居 : 살 거_ 106, 129
拒 : 막을 거_ 152
擧 : 들 거_ 168
踞 : 걸터앉을 거_ 26, 321
乾 : 하늘 건_ 177, 198
儉 : 검소할 검_ 138
黔 : 검을 검_ 158
慟 : 겁낼 겁_ 307
犬 : 개 견_ 238
見 : 볼 견_ 114, 146
缺 : 이지러질 결_ 302
謙 : 겸손할 겸_ 139
傾 : 기울 경_ 170
慶 : 경사 경_ 142
敬 : 공경 경_ 11, 58, 83, 91, 95, 96
삼갈 경_ 54
耕 : 김맬 경_ 199, 245, 246, 253, 293
鏡 : 거울 경_ 173, 208, 251
驚 : 놀랄 경_ 307
溪 : 시내 계_ 295
界 : 지경 계_ 170
鷄 : 닭 계_ 161, 220, 237, 247
古 : 옛 고_ 173, 194, 195, 197, 283, 296, 298
告 : 고할 고_ 109
※ 아뢸 곡_ 17
固 : 굳을 고_ 131
孤 : 외로울 고_ 176, 249, 257
故 : 옛 고_ 276
敲 : 두드릴 고_ 227
枯 : 마를 고_ 147
顧 : 돌아볼 고_ 130, 321
高 : 높을 고_ 4, 24, 39, 167, 168, 229, 239, 243, 272, 274, 311, 317
鼓 : 북 고_ 179
告 : 아뢸 곡_ 17
※ 고할 고_ 109
曲 : 악곡 곡_ 296
谷 : 골 곡_ 272
困 : 곤할 곤_ 135
坤 : 땅 곤_ 177, 198
骨 : 뼈 골_ 61, 277
共 : 한가지 공_ 230
功 : 공적 공_ 90
孔 : 구멍 공_ 158, 283
工 : 장인 공_ 86
恭 : 공손할 공_ 19, 60, 83, 92, 129, 132, 186
過 : 지날 과_ 319
허물 과_ 74, 109, 112, 114, 133
冠 : 갓 관_ 128
寬 : 너그러울 관_ 189
觀 : 볼 관_ 148
盥 : 세수할 관_ 7
光 : 빛 광_ 199, 231, 268, 308
曠 : 넓을 광_ 221
交 : 사귈 교_ 107, 108, 134
教 : 가르칠 교_ 84
橋 : 다리 교_ 181
仇 : 원수 구_ 155
口 : 입 구_ 22, 161, 201, 280
廐 : 마구간 구_ 164
救 : 구원할 구_ 77, 135
求 : 구할 구_ 45, 67, 320

狗 : 개 구_ 247
駒 : 망아지 구_ 246
驅 : 몰 구_ 222
鷗 : 갈매기 구_ 251
國 : 나라 국_ 53, 137, 188, 192
局 : 판 국_ 148, 294, 312
菊 : 국화 국_ 172, 258, 308, 318
鞠 : 기를 국_ 1
掬 : 움킬 국_ 209
君 : 임금 군_ 119, 122, 183, 188, 193, 304
群 : 무리 군_ 222, 242
軍 : 군사 군_ 235
弓 : 활 궁_ 235
窮 : 궁할 궁_ 135
다할 궁_ 216
勸 : 권할 권_ 133
拳 : 주먹 권_ 248
厥 : 그 궐_ 164, 166
蕨 : 고사리 궐_ 248
跪 : 꿇어앉을 궤_ 27, 28
歸 : 돌아갈 귀_ 30, 261
貴 : 귀할 귀_ 124, 285, 310
規 : 바로잡을 규_ 133
棘 : 가시 극_ 280, 299
極 : 다할 극_ 6
勤 : 부지런할 근_ 86, 138, 310
根 : 뿌리 근_ 63
近 : 가까울 근_ 105, 221, 316
今 : 이제 금_ 194, 275
琴 : 거문고 금_ 196, 208, 244, 265
禽 : 새 금_ 52
衾 : 이불 금_ 66
錦 : 비단 금_ 226
金 : 쇠 금_ 202, 225, 236, 250, 258, 259, 273, 308
及 : 미칠 급_ 47, 48
急 : 급할 급_ 272
汲 : 물 길을 급_ 199, 204
其 : 그 기_ 6, 44, 68, 101, 116, 124, 162, 164
器 : 그릇 기_ 29
奇 : 기특할 기_ 175
妓 : 기생 기_ 317
己 : 자기 기_ 140, 141, 144
幾 : 몇 기_ 169
旣 : 이미 기 ; ~한 뒤_ 164
棋 : 바둑 기_ 312
機 : 기회 기_ 288
틀 기 ; 배틀_ 226, 312
欺 : 속일 기_ 44
氣 : 기운 기_ 59, 61, 185, 271
碁 : 바둑 기_ 294
豈 : 어찌 기_ 81, 290
起 : 일어날 기_ 7, 13, 138, 229
騎 : 말 탈 기_ 203
吉 : 길할 길_ 290, 291

ㄴ

那 : 어찌 나_ 317
暖 : 따뜻할 난_ 158
難 : 어려울 난_ 77, 134, 219, 224, 277, 278, 296, 306
南 : 남녘 남_ 169, 170, 174, 266
男 : 사내 남_ 204
乃 : 이에 내_ 164, 166
女 : 여자 녀_ 160, 204
年 : 나이 년_ 93, 94, 197
해 년_ 173, 187, 188, 195, 281
念 : 염려할 념_ 40
寧 : 차라리 녕_ 161
奴 : 종 노_ 204
怒 : 성낼 노_ 25, 60, 73
嫩 : 어릴 눈_ 250
能 : 능할 능_ 47, 52, 78, 89, 90, 169
泥 : 진흙 니_ 104

ㄷ

多 : 많을 다_ 67, 175, 218
茶 : 차 다_ 205
但 : 다만 단_ 162
斷 : 끊을 단_ 232
短 : 짧을 단_ 140
端 : 끝 단_ 270
바를 단_ 128
談 : 말씀 담_ 22, 140, 163
踏 : 밟을 답_ 314
堂 : 집 당_ 42
當 : 당할 당_ 148
마땅 당_ 56, 186
大 : 큰 대_ 159, 198, 276, 319
對 : 대할 대_ 16
帶 : 띠 대_ 36
待 : 대우할 대_ 97
德 : 덕(德) 덕_ 4, 6, 106, 131, 133, 139
刀 : 칼 도_ 252
到 : 이를 도_ 238, 241
導 : 인도할 도_ 109
徒 : 무리 도_ 68, 117
掉 : 흔들 도_ 159
桃 : 복숭아 도_ 226, 298
棹 : 노 도_ 228
道 : 길 도_ 58, 188
犢 : 송아지 독_ 246, 248, 322
獨 : 홀로 독_ 222
讀 : 읽을 독_ 85, 138, 206, 280, 309, 310
頓 : 가지런할 돈_ 88
突 : (=堗) 굴뚝 돌_ 158
冬 : 겨울 동_ 8, 172, 176, 315
動 : 움직일 동_ 126, 264, 268
同 : 한가지 동_ 59, 63, 64, 66, 155, 194
東 : 동녘 동_ 169, 170, 174, 200, 266, 286
桐 : 오동나무 동_ 241, 273
洞 : 골 동_ 260, 273
斗 : 말 두 ; 두레박질하다_ 199
頭 : 머리 두_ 168, 211
得 : 얻을 득_ 16, 30, 46, 149, 276
燈 : 등불 등_ 206, 210, 219, 301
登 : 오를 등_ 39, 220, 238, 316

ㄹ

懶 : 게으를 라_ 85, 260
諾 : 허락할 락_ 131
落 : 떨어질 락_ 182, 207, 215, 242, 247, 264, 273, 275, 322
樂 : 즐거울 락_ 79, 190
※ 즐길 요_ 294
亂 : 어지러울 란_ 192
蘭 : 난초 란_ 299
濫 : 넘칠 람_ 165
狼 : 어지러울 랑_ 88
이리 랑_ 152
郎 : 사내 랑_ 267
來 : 올 래_ 97, 98, 150, 171, 172, 203, 204, 211, 234, 236, 241, 253, 272,

※숫자는 문장의 일련번호

282, 288, 303, 320
兩 : 두 량_ 287
粮 : 양식 량_ 293
良 : 어질 량_ 16, 192
涼 : 서늘할 량_ 172, 262
力 : 힘 력_ 56
憐 : 불쌍히 여길 련_ 207
連 : 잇닿을 련_ 66, 185, 230, 232, 256
裂 : 찢을 렬_ 36
廉 : 청렴할 렴_ 292
嶺 : 고개 령_ 176
聆 : 들을 령_ 154
禮 : 예도 례_ 125, 126, 134
爐 : 화로 로_ 265
老 : 늙을 로_ 147, 203, 234
路 : 길 로_ 174, 216, 245, 270
露 : 이슬 로_ 258, 271
鷺 : 해오라기 로_ 225, 253, 305, 322
綠 : 푸를 록_ 193, 229, 251, 254, 289
弄 : 희롱할 롱_ 209
籠 : 대바구니 롱_ 177
雷 : 우레 뢰_ 157
鬧 : 시끄러울 료_ 254
龍 : 용 룡_ 240, 304
樓 : 다락 루_ 240
淚 : 눈물 루_ 224
螻 : 좀먹을 루_ 156
柳 : 버들 류_ 241, 250, 252, 267, 314
流 : 흐를 류_ 64, 156, 235, 269, 274, 286, 287
六 : 여섯 륙_ 210
倫 : 인륜 륜_ 55, 57, 121, 124
輪 : 바퀴 륜_ 257
栗 : 밤 률_ 160
利 : 이로울 리_ 144, 309, 320
吏 : 벼슬아치 리_ 202
履 : 밟을 리_ 129
李 : 오얏 리_ 226, 298
梨 : 배 리_ 160, 171, 250
裏=裡 : 속 리_ 45, 198, 208, 304, 312
里 : 마을 리 ; 거리 단위_ 169, 213, 245, 257
鯉 : 잉어 리_ 46
異 : 다를 리_ 52, 62, 63, 64
鄰 : 이웃 린_ 106, 136
林 : 수풀 림_ 262
臨 : 임할 림_ 309, 316
立 : 설 립_ 12, 13, 20, 191, 239, 274
粒 : 낟알 립_ 72

ㅁ

磨 : 갈 마_ 252
馬 : 말 마_ 164, 201, 245, 246, 254, 307
麻 : 삼 마_ 103
寞 : 고요할 막_ 98
幕 : 장막 막_ 267
莫 : 말 막_ 73, 89, 140, 282
慢 : 거만할 만_ 21
滿 : 가득할 만_ 175, 209, 287, 314
萬 : 일만 만_ 169, 173, 187, 190, 195, 233, 236, 257, 301
末 : 끝 말 ; 가지_ 159, 223
忘 : 잊을 망_ 37, 149, 297
罔 : 없을 망_ 6
埋 : 묻을 매_ 199
妹 : 아랫누이 매_ 59
寐 : 잠잘 매_ 85, 297
梅 : 매화 매_ 200, 247, 300
每 : 매양 매_ 13, 88
孟 : 맏 맹_ 45, 283
氓 : 백성 맹_ 310
勉 : 힘쓸 면_ 86
眠 : 잘 면_ 191, 207
面 : 낯 면_ 23, 111, 112, 202
뵈올 면_ 17, 296
滅 : 꺼질 멸_ 219
命 : 명할 명_ 11, 12
목숨 명_ 56
明 : 밝을 명_ 167, 176, 178, 207, 262, 269, 301, 302
鳴 : 울 명_ 243, 255, 273
暮 : 저물 모_ 217, 220, 266
母 : 어머니 모_ 1, 9, 10, 11, 13, 14, 15, 25, 27, 30, 33, 34, 37, 38, 39, 40, 41, 44, 47, 48, 82, 86, 184, 187
謀 : 꾀 모_ 15, 130, 309
貌 : 모양 모_ 128
木 : 나무 목_ 63, 117, 147, 167, 223
沐 : 머리 감을 목_ 212
睦 : 화목할 목_ 82
沒 : 빠질 몰_ 232
夢 : 꿈 몽_ 219
猫 : 고양이 묘_ 321
畝 : 이랑 묘_ 245
毋 : 말 무_ 33, 34, 67
無 : 말 무_ 43, 161
없을 무_ 33, 34, 52, 67, 69, 70, 99, 110, 116, 117, 145, 180, 207, 214, 216, 234, 281, 286, 288, 293, 305, 308, 311, 317
舞 : 춤출 무_ 218
茂 : 무성할 무_ 118
墨 : 먹 묵_ 105, 158, 205
文 : 글월 문_ 87, 100, 279
聞 : 들을 문_ 146
蚊 : 모기 문_ 157
門 : 문 문_ 19, 20, 98, 145, 152, 174, 218, 227, 236, 238, 321, 324
勿 : 말 물_ 10, 14, 18, 20, 21, 22, 23, 24, 25, 26, 29, 35, 36, 37, 38, 39, 40, 41, 74, 76, 85, 125, 126, 141
物 : 물건 물_ 27, 195, 233, 279, 297
味 : 맛 미_ 30
尾 : 꼬리 미_ 159
微 : 작을 미_ 223
未 : 아닐 미_ 224, 277, 290, 306
美 : 아름다울 미_ 30, 155
迷 : 헤맬 미_ 148
靡 : 말 미_ 140
悶 : 근심할 민_ 77
民 : 백성 민_ 54

ㅂ

半 : 반 반_ 318
反 : 도리어 반_ 108
돌이킬 반_ 17, 38
發 : 필 발_ 172, 318
髮 : 터럭 발_ 35, 252
傍 : 곁 방_ 148
房 : 방 방_ 20, 267, 273
放 : 클 방_ 24
方 : 모 방_ 153
바야흐로 방_ 315
장소 방_ 18
芳 : 꽃다울 방_ 229
蚌 : 조개 방_ 147
訪 : 찾을 방_ 97
倍 : 곱 배_ 93
杯 : 잔 배_ 71, 213
盃 : 잔 배_ 196

栢 : 잣나무 백_ 118
白 : 흰 백_ 104, 171, 172, 178, 191, 202, 211, 217, 225, 229, 240, 250, 254, 259, 270, 282, 302, 303, 306, 308, 321, 322
百 : 일백 백_ 115, 181, 195, 245, 283
帆 : 돛 범_ 249
碧 : 푸를 벽_ 230, 240, 242, 256
變 : 변할 변_ 194
邊 : 가장자리 변_ 170, 227, 241, 324
別 : 나눌 별_ 120, 214
屛 : 병풍 병_ 173, 226, 251
柄 : 자루 병_ 180
餠 : 떡 병_ 150
保 : 지킬 보 ; 이웃_ 136
報 : 갚을 보_ 6, 49
알릴 보_ 313
寶 : 보배 보_ 279
步 : 걸음 보_ 21, 129
補 : 도울 보_ 107
輔 : 도울 보_ 100
伏 : 엎드릴 복_ 319
服 : 옷 복_ 14, 31, 36, 69
福 : 복(福) 복_ 145, 236
腹 : 배 복_ 2
本 : 근본 본_ 49, 55, 137, 138
본디 본_ 61
峯=峰 : 봉우리 봉_ 175, 181, 239
蓬 : 쑥 봉_ 103
蜂 : 벌 봉_ 254
逢 : 만날 봉_ 276
復 : 다시 부_ 232, 278, 302
俯 : 숙일 부_ 11
剖 : 쪼갤 부_ 46
夫 : 남편 부_ 57, 86, 120, 123, 185, 189
사내 부_ 193
婦 : 며느리 부_ 160
아내 부_ 57, 120, 123, 185
富 : 부유할 부_ 285
扶 : 도울 부_ 103, 203
浮 : 뜰 부_ 232, 268, 296
父 : 아버지 부_ 1, 9, 10, 11, 13, 14, 15, 25, 27, 30, 33, 34, 37, 38, 39, 40, 41, 44, 47, 48, 82, 86, 184, 186, 187
아버지 부 ; 부모_ 93, 119, 122, 183, 189
腐 : 썩을 부_ 156, 160
膚 : 살갗 부_ 35
負 : 질 부_ 204
鳧 : 물오리 부_ 253
北 : 북녘 북_ 169, 170, 174, 266
分 : 나눌 분_ 61, 67, 71, 72, 213, 214
※ 푼 푼_ 323
焚 : 불사를 분_ 118
紛 : 어지러울 분_ 259
不 : 아니 불_ 5, 16, 29, 41, 48, 52, 98, 99, 103, 104, 108, 110, 113, 141, 143, 146, 156, 158, 159, 162, 169, 207, 216, 231, 234, 262, 278, 280, 282, 291, 292, 299, 310, 317
아니 불 ; ~말라_ 60, 309
朋 : 벗 붕_ 109, 121
卑 : 낮을 비_ 170
婢 : 여종 비_ 204
比 : 견줄 비_ 63, 64
非 : 아닐 비_ 50, 89, 113, 125, 126, 292
飛 : 날 비_ 222, 323
貧 : 가난할 빈_ 135, 192, 217, 285, 319
賓 : 손 빈_ 58, 97, 98, 195
氷=冰 : 얼음 빙_ 46, 261

ㅅ

事 : 섬길 사_ 51, 83, 93, 94
일 사_ 43, 115, 130, 190, 196, 309
仕 : 벼슬 사_ 53
似 : 같을 사_ 4, 184, 197, 212, 263
使 : 부릴 사_ 10
四 : 넉 사_ 175
士 : 선비 사_ 117, 235, 319
寺 : 절 사_ 215
師 : 스승 사_ 83, 89, 90, 183, 283
思 : 생각 사_ 16, 33, 34, 77, 191, 192
梭 : 북 사_ 312
死 : 죽을 사_ 136
沙 : 모래 사_ 104, 274, 305, 318
祀 : 제사 사_ 49
私 : 사사로울 사_ 68
蛇 : 뱀 사_ 238
邪 : 간사할 사_ 102
山 : 메 산_ 44, 168, 173, 178, 179, 194, 195, 197, 212, 215, 216, 217, 226, 229, 231, 232, 233, 242, 253, 255, 257, 260, 262, 272, 274, 292, 303, 304, 316, 320
散 : 흩을 산_ 258, 264, 302
三 : 석 삼_ 123, 183, 196
上 : 윗 상_ 139, 177, 178, 200, 241, 268, 269, 272, 274
傷 : 상할 상_ 35
喪 : 잃을 상_ 136, 164
尙 : 오히려 상_ 265
常 : 항상 상_ 42, 131
牀 : 평상 상_ 66, 255
相 : 서로 상_ 58, 67, 133, 134, 135, 136, 155
재상 상_ 192
祥 : 상서 상_ 46
詳 : 자세할 상_ 129
霜 : 서리 상_ 182, 256, 306, 308
色 : 빛 색_ 194, 199, 250, 287, 308
生 : 날 생_ 1, 50, 59, 61, 84, 103, 147, 196, 231, 244, 280, 287, 289, 296, 315
날 생 ; 자라다_ 167, 270
序 : 차례 서_ 120
暑 : 더울 서_ 288
書 : 글 서_ 85, 88, 138, 206, 280, 285, 297, 309
西 : 서녘 서_ 169, 170, 174, 200, 266, 286
鼠 : 쥐 서_ 154, 293, 321
夕 : 저녁 석_ 194
席 : 자리 석_ 158
石 : 돌 석_ 150, 269
碩 : 클 석_ 317
先 : 먼저 선_ 7, 50, 84, 166, 309
善 : 착할 선_ 75, 109, 111, 114, 142, 143
扇 : 부채 선_ 180, 301
船 : 배 선_ 228
蟬 : 매미 선_ 311
饍 : 반찬 선_ 165
雪 : 눈 설_ 45, 172, 200, 225, 250, 259, 300, 303
姓 : 성씨 성_ 57, 185
成 : 이룰 성_ 58, 157, 190,

※숫자는 문장의 일련번호

219, 247
星 : 별 **성**_ 180, 235, 242, 312
省 : 살필 **성**_ 8, 38
聖 : 성인 **성**_ 283
聲 : 소리 **성**_ 24, 74, 224, 260, 287, 313
誠 : 정성 **성**_ 49, 97
世 : 대(代) **세**_ 187, 283
세상 **세**_ 99, 196
勢 : 형세 **세**_ 286
歲 : 해 **세**_ 211, 303
洗 : 씻을 **세**_ 205
細 : 가늘 **세**_ 223, 263
召 : 부를 **소**_ 145
宵 : 밤 **소**_ 191
小 : 작을 **소**_ 203, 218, 248
少 : 적을 **소**_ 189, 296
젊을 **소**_ 197, 281
所 : 바 **소**_ 107, 124, 141, 145
掃 : 쓸 **소**_ 42, 207, 231, 236
梳 : 얼레빗 **소**_ 252
消 : 사라질 **소**_ 294
笑 : 웃음 **소**_ 24, 224
素 : 본디 **소**_ 62
俗 : 풍속 **속**_ 134
束 : 묶을 **속**_ 233
孫 : 손자 **손**_ 187
損 : 덜 **손**_ 144
遜 : 겸손할 **손**_ 132
蟀 : 귀뚜라미 **솔**_ 273
松 : 소나무 **송**_ 118, 176, 193, 206, 240, 244, 251, 263, 269, 270, 274, 298, 300, 319, 322
送 : 보낼 **송**_ 222, 271, 282
灑 : 물 뿌릴 **쇄**_ 42, 295
修 : 닦을 **수**_ 137
受 : 받을 **수**_ 28, 62
垂 : 드리울 **수**_ 307
壽 : 목숨 **수** ; 장수하다_ 187
手 : 손 **수**_ 22, 153, 209, 314
收 : 거둘 **수**_ 278, 315
樹 : 나무 **수**_ 39, 171, 211, 221, 227, 238, 311, 318
水 : 물 **수**_ 64, 71, 156, 175, 177, 178, 199, 204, 209, 228, 230, 232, 251, 256, 260, 278, 286, 304, 305, 316
漱 : 양치질할 **수**_ 7
獸 : 짐승 **수**_ 52
睡 : 졸음 **수**_ 297
秀 : 빼어날 **수**_ 176
脩 : 길 **수**_ 307
隨 : 따를 **수**_ 246
雖 : 비록 **수**_ 31, 32, 61, 62, 73, 74, 81
須 : 모름지기 **수**_ 24, 74
首 : 머리 **수**_ 11
鬚 : 수염 **수**_ 306
夙 : 이를 **숙**_ 85
宿 : 잘 **숙**_ 227, 270, 293
筍 : 죽순 **순**_ 45, 248, 263
舜 : 순임금 **순**_ 283
瑟 : 비파 **슬**_ 244
膝 : 무릎 **슬**_ 23
習 : 익힐 **습**_ 87
襲 : 젖을 **습**_ 289, 316
僧 : 중 **승**_ 227
侍 : 모실 **시**_ 25, 26
嘶 : 울 **시**_ 254
始 : 비로소 **시**_ 87, 130, 315
市 : 저자 **시**_ 320
恃 : 믿을 **시**_ 140
施 : 베풀 **시**_ 84, 141
是 : 이 **시**_ 84, 90, 121, 123, 144, 290, 297
時 : 때 **시**_ 298
矢 : 화살 **시**_ 235
視 : 볼 **시**_ 125, 166
詩 : 시(詩) **시**_ 295
塒 : 횃대 **시**_ 220
識 : 알 **식**_ 303
食 : 먹을 **식**_ 3, 16, 28, 29, 32, 34, 66, 68, 70, 72, 132, 201
信 : 믿을 **신**_ 54, 113, 121, 127
愼 : 삼갈 **신**_ 18, 132
新 : 새로울 **신**_ 264
晨 : 새벽 **신**_ 7, 8
臣 : 신하 **신**_ 119, 122
薪 : 섶 **신**_ 204
身 : 몸 **신**_ 1, 21, 35, 47, 48, 50, 137, 284
辰 : 별 **신**_ 312
失 : 잃을 **실**_ 36, 76, 133, 308
室 : 집 **실**_ 42
實 : 열매 **실**_ 127
蟋 : 귀뚜라미 **실**_ 273
審 : 살필 **심** ; 밝게 알다_ 148
心 : 마음 **심**_ 189, 193, 194, 202, 277, 284, 309
深 : 깊을 **심**_ 40, 214, 215, 260, 274
十 : 열 **십**_ 94
雙 : 쌍 **쌍**_ 190, 230

ㅇ

兒 : 아이 **아**_ 203, 248
我 : 나 **아**_ 1, 2, 3, 9, 10, 28, 33, 34, 47, 48, 50, 73, 79, 80, 95, 96, 101, 102, 111, 112
芽 : 싹 **아**_ 248
惡 : 사나울 **악**_ 31
安 : 편안 **안**_ 41, 129
岸 : 언덕 **안**_ 287
案 : 책상 **안**_ 16
眼 : 눈 **안**_ 168
雁=鴈 : 기러기 **안**_ 65, 174, 222, 249, 261, 266, 313
顔 : 얼굴 **안**_ 201, 295
壓 : 누를 **압**_ 228
仰 : 우러를 **앙**_ 23, 151
殃 : 재앙 **앙**_ 143
愛 : 사랑 **애**_ 37, 54, 188, 207, 292
涯 : 물가 **애**_ 196
厄 : 곤경 **액**_ 135
鶯 : 꾀꼬리 **앵**_ 218, 225, 259, 267, 313
夜 : 밤 **야**_ 85, 154, 210, 255, 275
野 : 들 **야**_ 221
若 : 같을 **약**_ 81, 146
만약 **약**_ 30
躍 : 뛸 **약**_ 243, 261, 305
揚 : 날릴 **양**_ 151
드러낼 **양**_ 76
밝힐 **양**_ 176
楊 : 버들 **양**_ 241, 252, 307
讓 : 사양할 **양**_ 139
陽 : 볕 **양**_ 288
養 : 기를 **양**_ 315
於 : 어조사 **어** ; ~에(게)_ 63, 64, 141
語 : 말씀 **어**_ 132, 311, 317
魚 : 물고기 **어**_ 149, 205, 243, 261, 264, 305, 307
憶 : 생각할 **억**_ 191
言 : 말씀 **언**_ 113, 126, 127, 130, 132, 154, 165, 278

業 : 업(業) 업_ 133, 155
予 : (=與) 줄 여_ 160
如 : 같을 여_ 4, 44, 51, 52, 54, 58, 78, 83, 197, 212, 263
與 : 더불 여_ 41, 291
더불 여 ; ~와_ 230
줄 여_ 28, 29, 31, 32, 70
餘 : 남을 여_ 142, 143, 264, 293, 294
亦 : 또 역_ 24, 78, 79, 80, 101, 102, 186
逆 : 거스릴 역_ 10
맞이할 역_ 151
延 : 끌 연_ 206
椽 : 서까래 연_ 321
淵 : 못 연_ 40
然 : 그럴 연_ 131, 215
煙 : 연기 연_ 205
硯 : 벼루 연_ 205
鷰 : 제비 연_ 313
悅 : 기쁠 열_ 86, 115, 118
厭 : 물릴 염_ 32, 116
染 : 물들일 염_ 104
葉 : 잎 엽_ 171, 182, 211, 242, 247, 263, 300, 323
影 : 그림자 영_ 231, 318, 320
榮 : 영화 영_ 187, 299
泳 : 헤엄칠 영_ 40
纓 : 갓끈 영_ 180
譽 : 기릴 예 ; 칭찬하다_ 75
명예 예_ 47
五 : 다섯 오_ 121, 210
吾 : 나 오_ 1, 284
梧 : 오동나무 오_ 241, 273
汚 : 더러울 오_ 104
烏 : 까마귀 오_ 290, 306
屋 : 집 옥_ 217, 219
玉 : 구슬 옥_ 258
溫 : 따뜻할 온_ 3, 8
臥 : 누울 와_ 26, 246
關 : 당길 완_ 292
往 : 갈 왕_ 288
王 : 임금 왕_ 46, 304
外 : 바깥 외_ 75, 213, 216, 322
樂 : 즐길 요_ 294
※ 즐거울 락_ 79, 190
堯 : 요임금 요_ 283
欲 : 하고자 할 욕_ 6, 141, 261
浴 : 목욕할 욕_ 306
褥 : 이부자리 욕_ 166
辱 : 욕될 욕_ 48
容 : 얼굴 용_ 128
用 : 쓸 용_ 54
于 : 어조사 우 ; ~에서_ 75
優 : 넉넉할 우_ 53
友 : 벗 우_ 99, 100, 109, 110, 113, 121
벗할 우_ 101
우애할 우_ 60, 186
右 : 오른 우_ 153
宇 : 집 우_ 179
愚 : 어리석을 우_ 310
憂 : 근심 우_ 15, 39, 80, 188, 297
牛 : 소 우_ 161, 245, 246, 293
羽 : 깃 우_ 157, 306
雨 : 비 우_ 182, 212, 223, 244, 252, 255, 275, 276
雲 : 구름 운_ 175, 178, 181, 208, 229, 232, 270, 302, 316
原 : 언덕 원 ; 들판_ 229, 246
圓 : 둥글 원_ 153, 302
園 : 동산 원_ 218
怨 : 원망할 원_ 38, 60
源 : 근원 원_ 64
遠 : 멀 원_ 18, 49, 217, 249, 256
願 : 원할 원_ 188
月 : 달 월_ 167, 168, 173, 174, 176, 177, 178, 179, 180, 184, 198, 199, 200, 206, 207, 208, 209, 210, 219, 221, 222, 227, 228, 230, 231, 235, 241, 257, 262, 269, 272, 287, 292, 295, 301, 302, 308, 312, 316, 320, 323, 324
僞 : 거짓 위_ 115
爲 : 될 위_ 5, 55, 122, 123, 139, 161, 179, 180, 181, 184, 206, 208, 267, 284, 290, 297, 304, 310
위할 위_ 53
할 위_ 5
謂 : 이를 위_ 51, 121, 123
乳 : 젖 유_ 2
儒 : 선비 유_ 317
唯 : 빨리 대답할 유_ 9
幼 : 어릴 유_ 91, 120
幽 : 그윽할 유_ 260
惟 : 오직 유_ 145
愈 : 더욱 유_ 165
有 : 있을 유_ 11, 15, 18, 29, 42, 50, 67, 74, 75, 76, 77, 79, 80, 81, 106, 107, 108, 109, 119, 120, 121, 142, 143, 214, 281, 286, 293, 305, 311
猶 : 오히려 유_ 265
諛 : 아첨할 유_ 111
踰 : 넘을 유_ 14
遊 : 놀 유_ 18, 102, 317
肉 : 고기 육_ 61
潤 : 불을 윤 ; 젖다_ 265
恩 : 은혜 은_ 4, 89
隱 : 숨을 은_ 76
陰 : 그늘 음_ 117, 288
音 : 소리 음_ 291, 296
飮 : 마실 음_ 28, 29, 32, 70, 71, 132, 201
凝 : 엉길 응_ 258
應 : 응할 응_ 131
倚 : 기댈 의_ 21
意 : 뜻 의_ 214, 260
矣 : 어조사 의 ; ~일 것이다_ 51, 58, 108
義 : 옳을 의_ 110, 119
衣 : 옷 의_ 3, 14, 31, 33, 36, 68, 69, 128, 209, 289, 316
易 : 쉬울 이_ 110, 219
二 : 두 이_ 57, 162, 185, 323
以 : 까닭/때문 이_ 124
써 이 ; ~부터_ 215
써 이 ; ~으로(써)_ 2, 3, 93, 94, 100, 285
夷 : 오랑캐 이_ 68
怡 : 기쁠 이_ 65
爾 : 너 이_ 166
移 : 옮길 이_ 320
而 : 말 이을 이_ 9, 15, 27, 28, 37, 59, 71, 72, 76, 77, 107, 108, 113
益 : 더할 익_ 107
人 : 사람 인_ 5, 25, 55, 99, 101, 102, 110, 111, 112, 124, 139, 145, 163, 183, 194, 195, 201, 202, 203, 211, 213, 214, 221, 276, 277, 281, 285, 291, 301, 310, 316
사람 인 ; 남_ 41, 95, 96, 115, 116, 141, 144
仁 : 어질 인_ 100

※숫자는 문장의 일련번호

因 : 인할 인 ; ~으로(써)_ 285
姻 : 혼인할 인_ 136
引 : 끌 인_ 297
一 : 한 일_ 44, 61, 62, 71, 72, 162, 183, 185, 196, 213, 225, 226, 249, 258, 279, 280, 284
日 : 날 일_ 280, 281, 282
해 일_ 167, 173, 174, 177, 184, 191, 197, 198, 217, 220, 256, 268, 312
入 : 들 입_ 13, 19, 220, 255, 324
仍 : 오히려 잉_ 262

ㅈ

子 : 자식 자_ 5, 54, 84, 119, 122, 186, 187, 189, 190, 193
字 : 글자 자_ 87
慈 : 사랑 자_ 91, 186
煮 : 삶을 자_ 205
者 : 사람 자_ 5, 91, 92, 105, 115, 116, 148, 285
自 : 스스로 자_ 43, 101, 102, 103, 104, 144, 317
藉 : 깔 자_ 88
姊 : 윗누이 자_ 59
作 : 지을 작 ; 되다_ 179, 180, 181, 206, 208, 267, 284, 304, 310
지을 작 ; 행하다_ 130
嚼 : 씹을 작_ 289
昨 : 어제 작_ 275
雀 : 참새 작_ 154
鵲 : 까치 작_ 290
潛 : 잠길 잠_ 243
雜 : 섞일 잡_ 22
丈 : 어른 장_ 193
壯 : 씩씩할 장_ 235
將 : 장수 장_ 235
杖 : 지팡이 장_ 203
藏 : 감출 장 ; 보관하다_ 233, 315
長 : 길 장_ 197, 218, 234, 239, 294
길 장 ; 장점_ 140
어른 장_ 91, 92, 93, 94, 120
자랄 장_ 198
再 : 다시 재_ 282
在 : 있을 재_ 99, 104, 209, 213, 291, 314
才 : 재주 재 ; 바탕_ 183
載 : 해 재_ 279
爭 : 다툴 쟁_ 237
低 : 낮을 저_ 221
底 : 밑 저_ 228
寂 : 고요할 적_ 98
滴 : 물방울 적_ 271
狄 : 오랑캐 적_ 68
積 : 쌓을 적_ 142, 157
赤 : 붉을 적_ 105, 201
跡 : 발자취 적_ 305
傳 : 전할 전_ 165, 313
前 : 앞 전_ 23, 26, 92, 152, 182, 210, 212, 215, 244, 251
剪 : 자를 전_ 299
專 : 멋대로 할 전_ 43
展 : 펼 전_ 166
戰 : 싸움 전_ 242
田 : 밭 전_ 199, 245
筌 : 통발 전_ 149
折 : 꺾을 절_ 159, 314
節 : 절개 절_ 193, 298
절약할 절_ 54, 132
絶 : 끊을 절_ 180, 262
點 : 점 점_ 225, 300
接 : 접할 접_ 97
蝶 : 나비 접_ 218, 234, 237, 259, 267, 311
井 : 우물 정_ 273
亭 : 정자 정_ 200, 210, 319
停 : 머무를 정_ 288
定 : 정할 정_ 8
情 : 뜻 정_ 214, 311
整 : 가지런할 정_ 88, 128
正 : 바를 정_ 87, 101, 127, 128, 309
靜 : 고요할 정_ 197, 198
啼 : 울 제_ 224, 290
弟 : 아우 제_ 59, 60, 65, 69, 70, 74, 75, 76, 77, 78, 79, 80, 81, 82, 84, 184, 185, 186, 191
悌 : 공경 제_ 89
祭 : 제사 제_ 49
蹄 : 올무 제_ 149
際 : 즈음 제 ; 사이_ 268
齊 : 가지런할 제_ 128, 137
助 : 도울 조_ 136
朝 : 아침 조_ 194, 266, 275, 279
照 : 비칠 조_ 269
祖 : 할아버지 조_ 50
釣 : 낚시 조_ 307
鳥 : 새 조_ 177, 220, 224, 227, 232, 237, 238, 243, 264, 291, 323, 324
噪 : 떠들썩할 조_ 290
足 : 발 족_ 166, 314
存 : 있을 존_ 265
宗 : 마루 종_ 45
從 : 좇을 종_ 102, 114, 318
種 : 씨 종 ; 씨뿌리다_ 299
終 : 마침내 종_ 144
坐 : 앉을 좌_ 12, 20, 21, 23, 25, 26, 289, 324
左 : 왼 좌_ 153
罪 : 죄 죄_ 44
主 : 주인 주_ 195, 284
奏 : 연주할 주_ 244
宙 : 집 주_ 179
晝 : 낮 주_ 154, 210
朱 : 붉을 주_ 105
珠 : 구슬 주_ 147, 178, 180
舟 : 배 주_ 157, 222
走 : 달릴 주_ 247, 321
酒 : 술 주_ 196, 201, 202, 294, 297
竹 : 대 죽_ 193, 203, 208, 247, 248, 255, 263, 271, 298, 307
樽 : 술통 준_ 294
中 : 가운데 중_ 20, 55, 103, 177, 178, 198, 200, 213, 216, 223, 228, 237, 280, 287, 291, 304, 312, 324
重 : 거듭 중_ 281
무거울 중_ 131
則 : 곧 즉_ 53, 56, 65, 66, 127
※ 본받을 칙_ 84
葺 : 기울 즙 ; 고치다_ 164
之 : 그것 지_ 17, 27, 28, 31, 32, 37, 38, 39, 40, 63, 64, 69, 70, 78, 82, 86, 93, 94, 107, 114
어조사 지 ; ~의_ 45, 46, 55, 57, 68, 71, 72, 92, 99, 111, 112, 113, 137, 138, 139, 142, 143
地 : 땅 지_ 4, 167, 168, 170, 183, 184, 233, 236, 239, 286
持 : 가질 지_ 131
枝 : 가지 지_ 63, 243, 318, 323
池 : 못 지_ 223, 227, 318
知 : 알 지_ 90, 114, 146, 162, 223, 277, 296, 303

至 : 이를 지 _ 163, 171
芝 : 지초 지 _ 118, 299
遲 : 더딜 지 _ 249, 272
直 : 곧을 직 _ 103, 112, 113, 117, 127, 272
塵 : 티끌 진 _ 42, 151, 279
盡 : 다할 진 _ 53, 56, 216, 311
進 : 나아갈 진 _ 9, 92, 116, 152
올릴 진 _ 27
陣 : 진 칠 진 _ 242
疾 : 병 질 _ 15
執 : 잡을 집 _ 231

ㅊ

且 : 또 차 _ 302
此 : 이 차 _ 51, 52, 78, 286
著 : 입을 착 _ 31
讚 : 기릴 찬 _ 111, 115
饌 : 반찬 찬 _ 16
倉 : 곳집 창 _ 293
窓 : 창 창 _ 219
菖 : 창포 창 _ 252
蒼 : 푸를 창 _ 217, 253
冊 : 책 책 _ 88
責 : 꾸짖을 책 _ 25, 38, 73, 74, 110, 112, 116
妻 : 아내 처 _ 189, 192
處 : 곳 처 _ 129
尺 : 자 척 _ 169, 181, 196
戚 : 친척 척 _ 135
擲 : 던질 척 _ 150
千 : 일천 천 _ 173, 181, 187, 213, 225, 226, 233, 245, 258, 279, 283, 298, 301
天 : 하늘 천 _ 4, 6, 151, 167, 168, 170, 183, 184, 217, 220, 221, 228, 230, 233, 234, 239, 242, 249, 256
川 : 내 천 _ 268
泉 : 샘 천 _ 269
淺 : 얕을 천 _ 214
穿 : 뚫을 천 _ 228
踐 : 밟을 천 _ 14
尖 : 뾰족할 첨 _ 263
諂 : 아첨할 첨 _ 111
簷 : 처마 첨 _ 220, 270, 295
疊 : 겹칠 첩 _ 260
淸 : 맑을 청 _ 191, 221, 230, 243, 249, 269, 271, 295, 301
聽 : 들을 청 _ 11, 12, 125, 154, 224
靑 : 푸를 청 _ 171, 193, 201, 240, 251, 253, 270, 282, 303
凊 : 서늘할 청 _ 8
體 : 몸 체 _ 35, 62, 183
初 : 처음 초 _ 235, 261
草 : 풀 초 _ 167, 201, 212, 229, 237, 254, 255, 268, 289, 293
燭 : 촛불 촉 _ 179
叢 : 떨기 총 _ 258
總 : 모두 총 _ 90
推 : 밀 추 _ 231
樞 : 지도리 추 _ 156
秋 : 가을 추 _ 172, 176, 182, 210, 211, 242, 255, 266, 287, 313, 315
趨 : 달릴 추 _ 9
追 : 좇을 추 _ 49
瘳 : 병 나을 추 _ 15
逐 : 쫓을 축 _ 237
春 : 봄 춘 _ 171, 175, 182, 199, 214, 215, 266, 282, 294, 298, 303, 313, 314, 315
出 : 날 출 _ 13, 17, 19, 130, 168, 236, 278
날 출 ; 밀려나다 _ 231
忠 : 충성 충 _ 53, 55, 56, 109
蟲 : 벌레 충 _ 237, 255
吹 : 불 취 _ 323
就 : 나아갈 취 _ 106
聚 : 모을 취 _ 157
醉 : 취할 취 _ 212, 295, 306, 319
層 : 층계 층 ; 겹 _ 181
治 : 다스릴 치 _ 137
馳 : 달릴 치 _ 322
則 : 본받을 칙 _ 84
※ 곧 즉 _ 53, 56, 65, 66, 127
親 : 어버이 친 _ 23, 26, 51, 83, 95, 190
친할 친 _ 81, 119, 135
寢 : 잘 침 _ 66
沈 : 잠길 침 _ 157
針 : 바늘 침 _ 263, 300

ㅌ

他 : 남 타 _ 81, 140
다를 타 _ 276
唾 : 침 타 _ 151
呑 : 삼킬 탄 _ 205
歎 : 탄식할 탄 _ 118
貪 : 탐낼 탐 _ 279, 292
太 : 클 태 _ 197
怠 : 게으를 태 _ 10
泰 : 편안할 태 _ 188
宅 : 집 택 _ 240, 284
擇 : 가릴 택 _ 106, 107, 108
澤 : 못 택 _ 175
撑 : 버틸 탱 _ 239
兎 : 토끼 토 _ 149
吐 : 토할 토 _ 151, 257
通 : 통할 통 _ 67, 320
退 : 물러날 퇴 _ 92
投 : 던질 투 _ 150
鬪 : 싸울 투 _ 41
妒 : 질투할 투 _ 155

ㅍ

波 : 물결 파 _ 228, 243
八 : 여덟 팔 _ 323
片 : 조각 편 _ 225, 258, 259, 298
鞭 : 채찍 편 _ 307
平 : 평평할 평 _ 229
萍 : 부평초 평 _ 177
吠 : 짖을 폐 _ 238
肺 : 허파 폐 _ 295
閉 : 닫을 폐 _ 19
哺 : 먹일 포 _ 2
蒲 : 부들 포 _ 252
飽 : 배부를 포 _ 3
分 : 푼 푼 _ 323
※ 나눌 분 _ 61, 67, 71, 72, 213, 214
稟 : 여쭐 품 _ 43
楓 : 단풍 풍 _ 256
豊 : (=豐)풍년 풍 _ 188
風 : 바람 풍 _ 151, 179, 208, 212, 219, 222, 223, 230, 241, 244, 252, 257, 261, 262, 268, 271, 272, 275, 295, 301, 313, 323
彼 : 저 피 _ 286
避 : 피할 피 _ 205
必 : 반드시 필 _ 7, 13, 17, 18, 19, 31, 32, 42, 43, 49, 69, 70, 71, 72, 75, 83, 88, 92, 97, 106, 114, 127, 129, 142, 143, 159
筆 : 붓 필 _ 263

ㅎ

下 : 아래 **하**_ 210, 227, 274, 319, 321, 322
夏 : 여름 **하**_ 8, 171, 175, 294, 315
河 : 강 **하**_ 179, 233
荷 : 연꽃 **하**_ 264, 271
學 : 배울 **학**_ 53, 279, 310
鶴 : 학 **학**_ 205, 240, 251
寒 : 찰 **한**_ 172, 217, 220, 265, 288, 303, 318
旱 : 가물 **한**_ 276
閒 : 한가할 **한**_ 198, 324
割 : 벨 **할**_ 239, 253
含 : 머금을 **함**_ 257
陷 : 빠질 **함**_ 110
合 : 합할 **합**_ 57, 185, 302
抗 : 겨룰 **항**_ 73
行 : 줄 **항**_ 65
※ 다닐 **행**_ 21, 65, 245, 246, 247, 305
※ 행할 **행**_ 43, 90, 116, 127, 130, 139
害 : 해할 **해**_ 108, 144, 292
楷 : 바를 **해**_ 87
海 : 바다 **해**_ 240, 249, 253, 322
解 : 풀 **해**_ 261
行 : 다닐 **행**_ 21, 65, 245, 246, 247, 305
행할 **행**_ 43, 90, 116, 127, 130, 139
※ 줄 **항**_ 65
向 : 향할 **향**_ 256
鄕 : 고향 **향**_ 276
響 : 울릴 **향**_ 265, 271
香 : 향기 **향**_ 209, 250, 271, 289
虛 : 빌 **허**; 헛되이_ 282
獻 : 드릴 **헌**_ 27, 30, 69
歇 : 쉴 **헐**_ 218
絃 : 줄 **현**_ 265
賢 : 어질 **현**_ 47, 48, 189, 192
血 : 피 **혈**_ 62
夾 : 낄 **협**_ 270
頰 : 뺨 **협**_ 289
兄 : 형 **형**_ 59, 60, 65, 69, 70, 73, 75, 76, 77, 78, 79, 80, 81, 82, 94, 96, 184, 185, 186
形 : 모양 **형**_ 62
荊 : 가시나무 **형**_ 280, 299
蕙 : 혜초 **혜**_ 118
互 : 서로 **호**_ 288
呼 : 부를 **호**_ 9
好 : 좋을 **호**; 아름답다_ 243
戶 : 문 **호**_ 19, 98, 156
昊 : 하늘 **호**_ 6
虎 : 범 **호**_ 152, 163, 277, 304
惑 : 미혹할 **혹**_ 292
婚 : 혼인할 **혼**_ 136
昏 : 어두울 **혼**_ 8
紅 : 붉을 **홍**_ 182, 202, 254, 256, 306
虹 : 무지개 **홍**_ 181, 266
鴻 : 기러기 **홍**_ 174, 313, 324
和 : 온화할 **화**_ 82, 261
화목할 **화**_ 190
火 : 불 **화**_ 265
畵 : 그림 **화**_ 153
禍 : 재앙 **화**_ 145, 189
花 : 꽃 **화**_ 147, 171, 182, 207, 209, 215, 224, 234, 237, 247, 250, 254, 260, 264, 267, 275, 281, 289, 300, 311, 314
華 : 빛날 **화**_ 268
靴 : 신 **화**_ 36
畫 : 그림 **화**_ 226, 277
※ 그을 **획**_ 87
患 : 근심 **환**_ 80, 134
歡 : 기쁠 **환**_ 79
還 : 다시 **환**_ 231, 232
闊 : 넓을 **활**_ 249
黃 : 누를 **황**_ 172, 202, 211, 225, 236, 240, 248, 250, 254, 259, 308, 322
回 : 돌아올 **회**_ 150, 278, 296
懷 : 품을 **회**_ 2
會 : 모을 **회**_ 100
畫 : 그을 **획**_ 87
※ 그림 **화**_ 226, 277
孝 : 효도 **효**_ 5, 45, 46, 51, 55, 56, 89, 186, 189, 190
效 : 본받을 **효**_ 78
曉 : 새벽 **효**_ 262
厚 : 두터울 **후**_ 4, 167
後 : 뒤 **후**_ 152, 182, 212, 215, 244, 246, 251
뒤 **후**; 꼬리_ 161
朽 : 썩을 **후**_ 160
喧 : 지껄일 **훤**_ 238
毁 : 헐 **훼**_ 35
輝 : 빛날 **휘**_ 176
恤 : 구휼할 **휼**_ 134
凶 : 흉할 **흉**_ 290, 291
黑 : 검을 **흑**_ 105, 202, 321
痕 : 흔적 **흔**_ 305
興 : 일어날 **흥**_ 85, 213
喜 : 기쁠 **희**_ 37, 82
希 : 바랄 **희**_ 188
戱 : 희롱할 **희**_ 22
戲 : 놀이 **희**_ 264

구결표

1. 음音에 따라 만든 것

漢字	口訣	音	한자	구결	음	한자	구결	음
隱	卩	은,는,ㄴ	乙	乙	을,를,ㄹ	厓	厂	에,애
刀	刀	도	面	丆	면	屎	尸	히
牙	牙	아	也	乛	야	旀	尒	며
古	口	고	尼	匕	니	羅	亽	라
時	寸	시	多	夕	다	小	小	소
那	尹	나	代	弋	대	乎	乊	호
淚	户	러	奴	又	노,로	於	今	어
里	曰	리	舍	士, 舍	사	西	西	서
馬	馬	마	言	言	언	矣	厶	의
底	广	저	五	五	오	丁	丁	정
巨	巨	거,커	申	申	신			

2. 훈訓에 따라 만든 것

漢字	口訣	音	한자	구결	음	한자	구결	음
爲	ソ	하(할 위)	是	丶	이(이 시)	加	力	더(더할 가)
等	ホ	드(등급 등)	月	月	다(달 월)			

3. 복합형

口訣	音	구결	음	구결	음	구결	음	구결	음	구결	음
丶卩	인	ホ卩	든	月乙	달	寸乙	실	士丶	새	丶叱	잇
曰叱	릿	巨丶	케	尹卩	난	今丶	에	五卩	온		

4. 용례用例

口訣	ソ口	ソ匕	ソ匕亽	ソ乛	ソ乛卩	ソ乛尹卩	ソ尹匕	ソ亽	ソ匕亽	ソ寸匕	ソ尒	ソ寸丆	ソ寸卩大	ソ申大	ソ乙士丶	ソ又亽	ソ又匕	ソ小西	ソ力匕	丶匕
音	하고	하니	하니라	하야	하야는	하야난	하나니	하라	하니라	하시니	하며	하시면	하신대	하신대	할새	하노라	하노니	하소서	하더니	이니
구결	丶尹	丶亽	丶亽刀	丶今匕	丶今乙	丶今ホ卩	丶户匕	丶户丶夕	丶户寸匕	丶叱可	丶曰叱口	丶牙	乊弋	乊大	乊匕	乊曰亽	乊丶夕	乙又	又夕	又大
음	이나	이라	이라도	이어니	이어늘	이어든	이러니	이러이다	이러시니	잇가	이릿고	이아	호대	호대	호니	호리라	호이다	으로	로다	로대
구결	又丶夕	又小丶夕	尹卩	曰五	言丁	言馬卩	巨丶夕	丶寸乙士丶	ソ寸乙士丶	ソ舍	ソ士	丶卩广	丶卩大	印大	丶匕丶夕	丶五卩女				
음	로이다	로소이다	난	리오	언정	언마는	케이다	이실새	하실새	하사	하사	인저	인대	인대	이니이다	이온여				

※ 이 외에도 다양한 조합이 가능함.

전통문화연구회 도서목록

新編 基礎漢文教材·漢文讀解捷徑

新編 四字小學·推句 고전교육연구실 編譯 11,000원
新編 啓蒙篇·童蒙先習 고전교육연구실 編譯 11,000원
新編 明心寶鑑 李祉坤·元周用 譯註 15,000원
新編 擊蒙要訣 咸賢贊 譯註 12,000원
新編 註解千字文 李忠九 譯註 13,000원
新編 原文으로 읽는 故事成語 元周用 編譯 15,000원
新編 唐音註解選 權卿相 譯註 22,000원
漢文독해 기본패턴 고전교육연구실 著 15,000원
四書독해첩경 고전교육연구실 著 20,000원
한문독해첩경 文學篇 朴相水 李和春 李祉坤 元周用 著 17,000원
한문독해첩경 史學篇 朴相水 李和春 李祉坤 元周用 著 17,000원
한문독해첩경 哲學篇 朴相水 李和春 李祉坤 元周用 著 17,000원

東洋古典國譯叢書

大學·中庸集註 - 개정증보판 成百曉 譯註 10,000원
論語集註 - 개정증보판 成百曉 譯註 27,000원
孟子集註 - 개정증보판 成百曉 譯註 30,000원
詩經集傳 上·下 成百曉 譯註 各 35,000원
書經集傳 上·下 成百曉 譯註 各 35,000원
周易傳義 上·下 成百曉 譯註 各 40,000원
小學集註 成百曉 譯註 30,000원
古文眞寶 後集 成百曉 譯註 32,000원

五書五經讀本

論語集註 上·下 鄭太鉉 譯註 各 25,000원
孟子集註 上·下 田炳秀·金東柱 譯註 各 30,000원
大學·中庸集註 李光虎·田炳秀 譯註 15,000원
小學集註 上·下 李忠九 外 譯註 各 25,000원
詩經集傳 上·中·下 朴小東 譯註 各 30,000원
書經集傳 上·中·下 金東柱 譯註 各 30,000원
周易傳義 元·亨·利·貞 崔英辰 外 譯註 各 30,000원
詳說古文眞寶大全後集 上·下 李相夏 外 譯註 各 32,000원
春秋左氏傳 上·中·下 許鎬九 外 譯註 各 36,000원~38,000원
禮記 上·中·下 成百曉 外 譯註 各 30,000원

東洋古典譯註叢書

〈經部〉

十三經注疏
　周易正義 1~4 成百曉·申相厚 譯註 各 32,000원~44,000원
　尙書正義 1~7 金東柱 譯註 各 25,000원~46,000원
　毛詩正義 1~8 朴小東 外 譯註 各 32,000원~40,000원
　禮記正義 1~3, 中庸·大學 李光虎 外 譯註 各 20,000원~30,000원
　論語注疏 1~3 鄭太鉉·李聖敏 譯註 各 35,000원~44,000원
　孟子注疏 1~4 崔彩基·梁基正 譯註 各 29,000원~33,000원
　孝經注疏 鄭太鉉·姜珉廷 譯註 35,000원
　周禮注疏 1~4 金容天·朴禮慶 譯註 各 27,000원~34,000원
　春秋左傳正義 1~2 許鎬九 外 譯註 各 27,000원~32,000원
　春秋公羊傳注疏 1 宋基采 外 譯註 37,000원
春秋左氏傳 1~8 鄭太鉉 譯註 各 28,000원~35,000원
禮記集說大全 1~6 辛承云 外 譯註 各 25,000원~40,000원
東萊博議 1~5 鄭太鉉·金炳愛 譯註 各 25,000원~38,000원
韓詩外傳 1~2 許敬震 外 譯註 各 29,000원~36,000원
說文解字注 1~5 李忠九 外 譯註 各 32,000원~38,000원

〈史部〉

思政殿訓義 資治通鑑綱目 1~23 辛承云 外 譯註 各 18,000원~37,000원
通鑑節要 1~9 成百曉 譯註 各 18,000원~44,000원
唐陸宣公奏議 1~2 沈慶昊·金愚政 譯註 各 35,000원~45,000원
貞觀政要集論 1~4 李忠九 外 譯註 各 25,000원~32,000원
列女傳補注 1~2 崔秉準·孔勤植 譯註 各 30,000원~38,000원
歷代君鑑 1~4 洪起殷·全百燦 譯註 各 30,000원~38,000원

〈子部〉

孔子家語 1~2 許敬震 外 譯註 各 39,000원/40,000원
管子 1~4 李錫明·金帝蘭 譯註 各 29,000원~33,000원
近思錄集解 1~3 成百曉 譯註 各 35,000원~36,000원
老子道德經注 金是天 譯註 30,000원
大學衍義 1~5 辛承云 外 譯註 各 26,000원~30,000원
墨子閒詁 1~6 李相夏 外 譯註 各 32,000원~53,000원
說苑 1~2 許鎬九 譯註 各 25,000원
世說新語補 1~5 金鏷玉 外 譯註 各 29,000원~42,000원
荀子集解 1~7 宋基采 譯註 各 30,000원~42,000원
心經附註 成百曉 譯註 35,000원
顔氏家訓 1~2 鄭在書·盧暻熙 譯註 各 22,000원/25,000원
揚子法言 1 朴勝珠 譯註 24,000원
列子鬳齋口義 崔秉準·孔勤植·權憲俊 共譯 34,000원
二程全書 1~6 崔錫起·姜導顯 譯註 各 32,000원~44,000원
莊子 1~4 安炳周·田好根 共譯 各 31,000원~39,000원
政經·牧民心鑑 洪起殷·全百燦 譯註 27,000원
韓非子集解 1~5 許鎬九 外 譯註 各 32,000원~40,000원
武經七書直解
　孫武子直解·吳子直解 成百曉·李蘭洙 譯註 45,000원
　六韜直解·三略直解 成百曉·李鍾德 譯註 45,000원
　尉繚子直解·李衛公問對直解 成百曉·李蘭洙 譯註 45,000원
　司馬法直解 成百曉·李蘭洙 譯註 45,000원

〈集部〉

古文眞寶 前集 成百曉 譯註 30,000원
唐詩三百首 1~3 宋載卲 外 譯註 各 33,000원~39,000원
唐宋八大家文抄 韓愈 1~3 鄭太鉉 譯註 各 22,000원/28,000원
〃 歐陽脩 1~7 李相夏 譯註 各 25,000원~35,000원
〃 王安石 1~2 申用浩·許鎬九 共譯 各 20,000원/25,000원
〃 蘇洵 李章佑 外 譯註 25,000원
〃 蘇軾 1~5 成百曉 譯註 各 22,000원
〃 蘇轍 1~3 金東柱 譯註 各 20,000원~22,000원
〃 曾鞏 宋基采 譯註 25,000원
〃 柳宗元 1~2 宋基采 譯註 各 22,000원
明淸八大家文鈔 1 歸有光·方苞 李相夏 外 譯註 35,000원
〃 2 劉大櫆·姚鼐 李相夏 外 譯註 35,000원
〃 3 梅曾亮·曾國藩 李相夏 外 譯註 38,000원
〃 4 張裕釗·吳汝綸 李相夏 外 譯註 50,000원

東洋古典新譯

당시선 송재소·최경렬·김영죽 편역 24,000원
손자병법 성백효 역주 14,000원
장자 안병주·전호근·김형석 역주 13,000원
고문진보 후집 신용호 번역 28,000원
노자도덕경 김시천 역주 15,000원
고문진보 전집 上·下 신용호 번역 각 22,000원
신식 비문척독 빅상수 번역 25,000원
안씨가훈 김창진 편역 근간

동양문화총서

동양사상 해설과 원전 정규훈 外 저 22,000원
화합의 길 《중용》 읽기 금장태 저 20,000원
호설과 시장 신용호 저 20,000원
어느 노학자의 젊은 시절 - 《고문진보》 選譯 심재기 저 22,000원

문화문고

경전으로 본 세계종교 그리스도교 이정배 편저 10,000원
〃 도교 이강수 편역 10,000원
〃 천도교 윤석산·홍성엽 편저 10,000원
〃 힌두교 길희성 편역 10,000원
〃 유교 이기동 편저 10,000원
〃 불교 김용표 편저 10,000원
〃 이슬람 김영경 편역 10,000원
논어·대학·중용 / 맹자 조수익·박승주 공역 각 10,000원
소학 박승주·조수익 공역 10,000원
십구사략 1~2 정광호 저 각 12,000원
무경칠서 손자병법·오자병법 성백효 역 10,000원
〃 육도·삼략 성백효 역 10,000원
〃 사마법·울료자·이위공문대 성백효 역 10,000원
당시선 송재소·최경렬·김영죽 편역 10,000원
한문문법 이상진 저 13,000원
한자한문전통교재 조수익·이성민 공역 13,000원
士小節 선비 집안의 작은 예절 이동희 편역 12,000원
儒學이란 무엇인가 이동희 저 10,000원
동아시아의 유교와 전통문화 이동희 저 13,000원
현대인, 동양고전에서 길을 찾다 이동희 저 10,000원
100자에 담긴 한자문화 이야기 김경수 저 12,000원
우리 설화 1~2 김동주 편역 각 10,000원
대한민국 국무총리 이재원 저 10,000원
백운거사 이규보의 문학인생 신용호 저 14,000원

四字小學讀本目次

父母 上

父母 下

夫婦 兄弟

師弟 長幼 朋友

修身

俗談

四字小學讀本

父母 上

父生我身 母鞠吾身 腹以懷我 乳以哺我
以衣溫我 以食飽我 恩高如天 德厚似地
爲人子者 曷不爲孝 欲報其德 昊天罔極
晨必先起 必盥必漱 昏定晨省 冬溫夏凊
父母呼我 唯而趨進 父母使我 勿逆勿怠

父母有命 俯首敬聽 坐命坐聽 立命立聽

父母出入 每必起立 父母衣服 勿踰勿踐

父母有疾 憂而謀瘳 對案不食 思得良饌

出必告之 反必面之 愼勿遠遊 遊必有方

出入門戶 開閉必恭 勿立門中 勿坐房中

行勿慢步 坐勿倚身 口勿雜談 手勿雜戲

膝前勿坐 親面勿仰 須勿放笑 亦勿高聲

侍坐父母 勿怒責人 侍坐親前 勿踞勿臥

父母 下

獻物父母 跪而進之 與我飮食 跪而受之
器有飮食 不與勿食 若得美味 歸獻父母
衣服雖惡 與之必著 飮食雖厭 與之必食
父母無衣 毋思我衣 父母無食 毋思我食
身體髮膚 勿毁勿傷 衣服帶靴 勿失勿裂
父母愛之 喜而勿忘 父母責之 反省勿怨
勿登高樹 父母憂之 勿泳深淵 父母念之

勿與人鬪 父母不安 室堂有塵 常必灑掃
事必稟行 無敢自專 一欺父母 其罪如山
雪裏求筍 孟宗之孝 剖冰得鯉 王祥之孝
我身能賢 譽及父母 我身不賢 辱及父母
追遠報本 祭祀必誠 非有先祖 我身曷生
事親如此 可謂孝矣 不能如此 禽獸無異
學優則仕 爲國盡忠 敬信節用 愛民如子
人倫之中 忠孝爲本 孝當竭力 忠則盡命

夫婦 兄弟

夫婦之倫 二姓之合 相敬如賓 家道成矣

兄弟姊妹 同氣而生 兄友弟恭 不敢怨怒

骨肉雖分 本生一氣 形體雖異 素受一血

比之於木 同根異枝 比之於水 同源異流

兄弟怡怡 行則雁行 寢則連衾 食則同牀

分毋求多 有無相通 私其衣食 夷狄之徒

兄無衣服 弟必獻之 弟無飮食 兄必與之

一杯之水 必分而飲 一粒之食 必分而食

兄雖責我 莫敢抗怒 弟雖有過 須勿聲責

兄弟有善 必譽于外 兄弟有失 隱而勿揚

兄弟有難 悶而思救 兄能如此 弟亦效之

我有歡樂 兄弟亦樂 我有憂患 兄弟亦憂

雖有他親 豈若兄弟 兄弟和睦 父母喜之

師弟 長幼 朋友

事師如親 必恭必敬 先生施教 弟子是則

夙興夜寐 勿懶讀書 勤勉工夫 父母悅之

始習文字 字畫楷正 書冊狼藉 每必整頓

能孝能悌 莫非師恩 能知能行 總是師功

長者慈幼 幼者敬長 長者之前 進退必恭

年長以倍 父以事之 十年以長 兄以事之

我敬人親 人敬我親 我敬人兄 人敬我兄

賓客來訪 接待必誠 賓客不來 門戶寂寞

人之在世 不可無友 以文會友 以友輔仁

友其正人 我亦自正 從遊邪人 我亦自邪
蓬生麻中 不扶自直 白沙在泥 不染自汚
近墨者黑 近朱者赤 居必擇鄰 就必有德
擇而交之 有所補益 不擇而交 反有害矣
朋友有過 忠告善導 人無責友 易陷不義
面讚我善 諂諛之人 面責我過 剛直之人
言而不信 非直之友 見善從之 知過必改
悅人讚者 百事皆僞 厭人責者 其行無進

直木無陰 直士無徒 松茂栢悅 芝焚蕙歎

修身

父子有親 君臣有義 夫婦有別 長幼有序
朋友有信 是謂五倫 君爲臣綱 父爲子綱
夫爲婦綱 是謂三綱 人所以貴 以其倫綱
非禮勿視 非禮勿聽 非禮勿言 非禮勿動
行必正直 言則信實 容貌端正 衣冠整齊
居處必恭 步履安詳 作事謀始 出言顧行

常德固持 然諾重應 飮食愼節 言語恭遜
德業相勸 過失相規 禮俗相交 患難相恤
貧窮困厄 親戚相救 婚姻死喪 鄰保相助
修身齊家 治國之本 讀書勤儉 起家之本
人之德行 謙讓爲上 莫談他短 靡恃己長
己所不欲 勿施於人 積善之家 必有餘慶
不善之家 必有餘殃 損人利己 終是自害
禍福無門 惟人所召

俗談

聞不若見 見不若知 枯木生花 老蚌生珠

傍觀者審 當局者迷 得魚忘筌 得兎忘蹄

投石石來 擲餠餠回 仰天吐唾 逆風揚塵

前門拒虎 後門進狼 右手畫圓 左手畫方

晝言雀聽 夜言鼠聆 同美相妒 同業相仇

流水不腐 戶樞不螻 聚蚊成雷 積羽沈舟

孔席不暖 墨突不黔 末大必折 尾大不掉

梨腐予女 栗朽予婦 寧爲鷄口 無爲牛後

但知其一 不知其二 談虎虎至 談人人至

旣喪其馬 乃葺厥廐 饍傳愈減 言傳愈濫

先視爾褥 乃展厥足

四字小學讀本 終

推句讀本

推句讀本目次

天高
耕田
山影
竹筍
簷月

推句讀本

天高

天高日月明 地厚草木生 月出天開眼 山高地擧頭
東西幾萬里 南北不能尺 天傾西北邊 地卑東南界
春來梨花白 夏至樹葉青 秋涼黃菊發 冬寒白雪來
日月千年鏡 江山萬古屛 東西日月門 南北鴻雁路
春水滿四澤 夏雲多奇峯 秋月揚明輝 冬嶺秀孤松
日月籠中鳥 乾坤水上萍 白雲山上蓋 明月水中珠

月爲宇宙燭 風作山河鼓 月爲無柄扇 星作絶纓珠
雲作千層峰 虹爲百尺橋 秋葉霜前落 春花雨後紅
天地人三才 君師父一體 天地爲父母 日月似兄弟
夫婦二姓合 兄弟一氣連 父慈子當孝 兄友弟亦恭
父母千年壽 子孫萬世榮 愛君希道泰 憂國願年豊
妻賢夫禍少 子孝父心寬 子孝雙親樂 家和萬事成
思家清宵立 憶弟白日眠 家貧思賢妻 國亂思良相
綠竹君子節 青松丈夫心 人心朝夕變 山色古今同

江山萬古主　人物百年賓　世事琴三尺　生涯酒一盃

山靜似太古　日長如少年　靜裏乾坤大　閒中日月長

耕田

耕田埋春色　汲水斗月光　西亭江上月　東閣雪中梅

飮酒人顏赤　食草馬口青　白酒紅人面　黃金黑吏心

老人扶杖去　小兒騎竹來　男奴負薪去　女婢汲水來

洗硯魚呑墨　煮茶鶴避煙　松作延客蓋　月爲讀書燈

花落憐不掃　月明愛無眠　月作雲間鏡　風爲竹裡琴

掬水月在手　弄花香滿衣　五夜燈前晝　六月亭下秋
歲去人頭白　秋來樹葉黃　雨後山如沐　風前草似醉
人分千里外　興在一杯中　春意無分別　人情有淺深
花落以前春　山深然後寺　山外山不盡　路中路無窮
日暮蒼山遠　天寒白屋貧　小園鶯歌歇　長門蝶舞多
風窓燈易滅　月屋夢難成　日暮鷄登塒　天寒鳥入簷
野曠天低樹　江清月近人　風驅群飛雁　月送獨去舟
細雨池中看　微風木末知　花笑聲未聽　鳥啼淚難看

白鷺千點雪　黃鶯一片金　桃李千機錦　江山一畵屛

鳥宿池邊樹　僧敲月下門　棹穿波底月　船壓水中天

高山白雲起　平原芳草綠　水連天共碧　風與月雙淸

山影

山影推不出　月光掃還生　水鳥浮還沒　山雲斷復連

天地藏萬物　江河朿千山　天長去無執　花老蝶不來

初月將軍弓　流星壯士矢　掃地黃金出　開門萬福來

鳥逐花間蝶　鷄爭草中蟲　鳥喧蛇登樹　犬吠客到門

高峯撑天立 長江割地去 碧海黃龍宅 青松白鶴樓

月到梧桐上 風來楊柳邊 群星陣碧天 落葉戰秋山

潛魚躍清波 好鳥鳴高枝 雨後澗生瑟 風前松奏琴

馬行千里路 牛耕百畝田 馬行駒隨後 牛耕犢臥原

狗走梅花落 鷄行竹葉成

竹筍

竹筍黃犢角 蕨芽小兒拳 天淸一雁遠 海闊孤帆遲

柳色黃金嫩 梨花白雪香 綠水鷗前鏡 靑松鶴後屛

雨磨菖蒲刀 風梳楊柳髮 鳧耕蒼海去 鷺割青山來
花紅黃蜂鬧 草綠白馬嘶 山雨夜鳴竹 草蟲秋入牀
遠水連天碧 霜楓向日紅 山吐孤輪月 江含萬里風
露凝千片玉 菊散一叢金 白蝶紛紛雪 黃鶯片片金
洞深花意懶 山疊水聲幽 氷解魚初躍 風和雁欲歸
林風涼不絶 山月曉仍明 竹筍尖如筆 松葉細似針
魚戲新荷動 鳥散餘花落 琴潤絃猶響 爐寒火尚存
春北秋南雁 朝西暮東虹 柳幕鶯爲客 花房蝶作郎

日華川上動　風光草際浮　明月松間照　清泉石上流

青松夾路生　白雲宿簷端　荷風送香氣　竹露滴清響

谷直風來急　山高月上遲　蟋蟀鳴洞房　梧桐落金井

山高松下立　江深沙上流　花開昨夜雨　花落今朝風

大旱得甘雨　他鄉逢故人　畫虎難畫骨　知人未知心

水去不復回　言出難更收　學文千載寶　貪物一朝塵

一日不讀書　口中生荊棘　花有重開日　人無更少年

白日莫虛送　青春不再來　堯舜千古聖　孔孟百世師

心爲一身主 身作吾心宅 貧人以書富 富者因書貴

水流無彼此 地勢有西東 月色中流滿 秋聲兩岸生

陰陽無停機 寒暑互來往 坐草衣襲綠 嚼花頰生香

鵲噪未爲吉 烏啼豈是凶 人間吉與凶 不在烏音中

愛月非關惑 貪山不害廉 耕牛無宿草 倉鼠有餘粮

樽酒樂餘春 碁局消長夏

簷月

簷月淸詩肺 溪風灑醉顔 古曲知音少 浮生回面難

酒是忘憂物 書爲引睡寐 松竹千古節 桃李片時春

芝蘭種不榮 荊棘剪不去 梅花點點雪 松葉箇箇針

明月千家燈 淸風萬人扇 明月圓且缺 白雲散復合

雪白知歲寒 山靑識春來 龍爲水中王 虎作山裡君

鷺行沙有跡 魚躍水無痕 烏羽浴未白 霜鬚醉難紅

修竹魚㤝釣 垂楊馬驚鞭 菊黃金失色 霜白月無光

讀書先正心 臨事不謀利 勤讀爲貴人 不學作愚氓

樹高蟬有語 花盡蝶無情 日月機中梭 星辰局裡棋

鶯鸎傳春風 鴻鴈報秋聲 踏花春滿足 折柳春在手

春夏方生養 秋冬始收藏 登山雲襲衣 臨水月近人

碩儒那無遊 高妓自不語 菊樹寒沙發 枝影半從池

江亭貧士過 大醉伏松下 月移山影改 通市求利來

黑猫踞門顧 白鼠下椽走 白鷺海外落 黃犢松下馳

風吹葉八分 鳥飛枝二月 鳥坐江邊鴻 月入門中間

推句讀本 終

四字小學讀本

四字小學讀本 目次

父母 上 …… 七
父母 下 …… 九
夫婦 兄弟 …… 一一
師弟 長幼 朋友 …… 一三
修身 …… 一五
俗談 …… 一七

推句讀本 目次

天高 …… 二一
耕田 …… 二三
山影 …… 二五
竹筍 …… 二六
簷月 …… 二九

본 독본은 원문 강독講讀 및 성독용聲讀用으로 제공하는 것이다.

한문의 성독 능력은 곧 한문독해력漢文讀解力과 비례한다고 할 수 있을 만큼 한문 연수의 중요 과정 중 하나이다. 한 책冊을 수십, 수백 회를 읽어서 원문을 통째로 암기暗記하는 것이 한문독해력 신장에 가장 좋다.

제대로 된 암기를 위해서는 원문을 물 흐르듯 줄줄 읽어 내려갈 수 있는 단계, 즉 '입에 올린다'하여 '상구上口'라고 하는 과정을 반드시 거쳐야 한다.

그런데 처음 한문을 읽는 대부분의 사람은 상구의 과정 없이 몇 번만 대충 읽어보고는 머릿속으로만 의미에 따라 자구字句를 억지로 조합하려고 한다.

혹 암기력이 뛰어나서 억지로 한문 문장을 외우더라도 이렇게 외운 문장은 금새 잊히게 된다. 그러므로 자신의 학문독해력 신장을 목표로 둔 사람이라면 **문장을 빨리 암기하려는 욕심을 버리고 원문의 의미를 음미하면서 여러 차례 반복적으로** 읽을 것을 권한다.

※ 본 독본을 읽을 때는, 앞 교재에서 '현토懸吐'와 '끊어 읽거나 쉬는 위치(▽)' 등의 내용을 참조하면 좋다.

四字小學 推句

讀本